HEYNE BÜCHER

SPHINX

Eluan Ghazal

Der heilige Tanz

Orientalischer Tanz
und sakrale Erotik

Wilhelm Heyne Verlag
München

SPHINX BEI HEYNE
Herausgegeben von Michael Görden
13/3044

Umwelthinweis:
Dieses Buch wurde auf
chlor- und säurefreiem Papier gedruckt.

Die Originalausgabe erschien 1993 unter dem Titel
Der heilige Tanz im Verlag Simon + Leutner, Berlin

Genehmigte Taschenbuchlizenzausgabe 1999 im
Wilhelm Heyne Verlag GmbH & Co. KG, München
http://www.heyne.de
Printed in Germany 1999
Umschlaggestaltung: Atelier Bachmann & Seidel, Reischach
Innenfotos: A. Voves, Wien
Innenillustrationen: Eluan Ghazal
Umschlagillustration: ZEFA Visual Media/SIS/Jose Ortega, Düsseldorf
Technische Betreuung: Sibylle Hartl
Satz: Pinkuin Satz und Datentechnik, Berlin
Druck und Bindung: Elsnerdruck, Berlin

ISBN 3-453-14664-6

Inhalt

Vorwort

Die Bauchtanzszene: schillernd, korrupt, zweideutig, halbseiden, voll von Mißverständnissen, Diskriminierungen, Intrigen ... und dennoch beglückend, inspirierend, wohlig behütend ... eine Welt en miniature, in der sich Probleme und Hoffnungen, Strukturen und Entwicklungen der größeren Gesellschaft spiegeln: Hier treffen Männer und Frauen aus Orient und Okzident aufeinander; Kunst, Kommerz und Kitsch, Kalkül und Ekstase verbinden sich zu einem schier unentwirrbaren Knäuel widerstrebender Tendenzen. Ein ewiges Tauziehen von Frauenmacht und Männermacht, ein verblüffendes Verwirrspiel von Spiritualität und Kommerz in diesem Niemandsland zwischen Orient und Okzident ...

Im ersten Teil dieses Bandes habe ich meine persönlichen Erfahrungen mit dieser Spiegelwelt aufgeblättert, es waren bittere, freudvolle, befriedigende, verwirrende und verheißungsvolle Erfahrungen. Ich entdeckte Spuren, die mich wie an einem silbernen Faden in das Labyrinth einer archaischen Welt des Femininen führten. Immer wieder traf ich im Jetzt dieser Tanzszene auf Elemente und Motive, die Visionen von längst vergangenen Zeiten in mir aufblitzen ließen. Vor meinem geistigen Auge sah ich Priesterinnen und Tänzerinnen, schimmernde gesalbte Haut, anmutige Bewegungen, erotische Zeremonien im Zimbelklang, Rituale mit lebenden Schlangen, und ich spürte und ahnte, daß dieser Tanz einstmals ein sakraler Tanz gewesen sein mußte.

Dieses sakrale oder spirituelle Element empfand ich auch in den Bewegungen selbst, dem ekstatischen Zittern, Kreisen, den Schlangenwindungen und in jenem heiligen Schauer, der mich immer wieder beim Tanzen ergriff. Im zweiten Teil dieses Bandes habe ich die Bewegungen und Prinzipien dieses Tanzes in ihrem energetischen und spirituellen Sinn herausgearbeitet, beschrieben und erklärt. Dies ist also ein Leitfaden. Aber es geht hier nicht um folkloristische Showbusineßeffekte, sondern um therapeutische und kulturelle Dimensionen: Der Bauchtanz ist eine spirituelle Disziplin wie Yoga oder Tai-Chi, er vereinigt Körper, Seele und Geist von Frauen und erschafft ein feminines Kraftfeld, in dem heilsame Prozesse der Reintegration erfolgen können. Erotik wird als kosmisches Prinzip erlebt und die funkelnden Farbfelder der Chakren zum Leben erweckt.

Aber was tun wir nun mit diesen inneren Erfahrungen, mit den erlernten Bewegungsformen? Kann daraus lebendige künstlerische Kreativität hervorsprudeln? Ist der Bauchtanz als Kunstform zeitgemäß? Ich glaube, daß sich sein innerer Sinn, seine echte Funktion in neue Formen kleiden müssen, damit er heute verstanden werden kann.

Im dritten Teil dieses Bandes gebe ich Anregungen, wie wir unsere persönliche und künstlerische Kreativität entfalten können.

I.
Die Sehnsucht

Kontroversen

Wenn das nackte Lendenfett aus dem schweren, perlenbesetzten Gürtel quillt und widerwillig-gierige Blicke provoziert, wenn der Busen knapp über der Suppenterrine schwappt, damit vielleicht noch eine feuchtheiße Hand einen zerknitterten Geldschein ins plastikpaillettenglitzernde Dekolleté schiebt, wenn der Bauch rollt, damit der Wein rollt, damit das Geld rollt, wenn Schleier, Pluderhosen und schmachtende Blicke den Orient herbeizwingen, auch wenn das auftoupierte Blondhaar diesen Vorsatz Lügen straft … dann wissen wir, womit wir es zu tun haben: Bauchtanz!

»Getanzte Magie«, »Poesie in Bewegung«, »Bekenntnis zu Bauch, Gefühl und lustvoller Weiblichkeit«, »Entdeckung der Mitte« ist der Bauchtanz für die Verfechterinnen dieser Kunst. 1001 Perlen leuchten in liebenden Augen, 1001 Herzen öffnen sich, die Phantasie trägt diese Frauen mit goldenen Schwingen in den exotischen Orient, wo sie sich an glanzvollen Sultans- oder Mogulnhöfen als Lieblingstänzerinnen inkarnieren. Sie können allen Frauen »nur raten, Bauchtanzkurse zu besuchen«, und sehen die Bauchtanzwelle als »eine Bewegung, die ihren Höhepunkt noch längst nicht erreicht hat«.

Andere sehen es anders: »Das ist nicht für die Frau, das ist gegen die Frau. Das ist nur die Neuauflage des alten Weiblichkeitsstereotyps, die da propagiert wird«, wandte eine emanzipationsbedachte Sozialarbeiterin verärgert ein.

»Da wird doch der Tanz der Unfreien, der Haremssklavinnen verherrlicht«, empörte sich eine Marxistin.

»Daß europäische Frauen mit orientalischem Tanz auftreten, ist für mich nur ein weiteres Beispiel von bewußtlosem Kulturkolonialismus«, gab eine türkische Theaterwissenschaftlerin zu bedenken.

»Bauchtanz? Nein!!!!« tönte das abschließende Urteil eines spirituell durchgeistigten Esoterikers, der auf sich hielt.

»Weißt du nicht, daß Bauchtänzerinnen dumm sind, das sind doch Frauen ohne Niveau; du solltest dir eine andere Beschäftigung suchen«, riet mir ein Iraner. »Wozu hast du denn deinen Doktortitel?« Ja, warum habe ich sieben Jahre meines Lebens dem Bauchtanz gewidmet? Sieben Jahre, in denen ich lernte und lehrte, tanzte und trommelte, forschte und staunte. Ich folge den verschlungenen Fäden meines Schicksals zurück in die Vergangenheit und stelle fest: Es war nicht der Orient, der mich lockte, ich war weder nach Marokko noch nach Ägypten oder in die Türkei geflogen, um dort einheimische Frauen für Touristen tanzen zu sehen, auch hatte ich nie geplant, Bauchtanz zu lehren oder damit aufzutreten. Aber es gab da etwas, was mich nicht losließ, eine Spur, der ich folgen mußte, eine Spannung, die mich in Atem hielt, ein Rätsel, das mich reizte und verwirrte – ein Labyrinth. Ich ahnte Verschüttetes und Verbotenes, Verdrängtes und Totgeschwiegenes. Wo, wann, weshalb war der Faden, der ins Labyrinth führte, gerissen? Welche Schätze wurden uns verheimlicht? Ich ahnte und suchte, forschte und fand. Der Bauchtanz wurde für mich zu einem silbernen Faden, der mich ins Innerste des Labyrinthes führte, ins Zentrum einer archaischen Weiblichkeit.

Sexuelle Herrschaft

Als meine Kindheit zu Ende ging und ich die Welt bewußt wahrzunehmen begann, erlebte ich einmal die folgende Szene. Eine freundliche alte Dame mit feinen Gesichtszügen saß gütig lächelnd in einem Lehnstuhl, während ihre Söhne und

Neffen den Bierkrug kreisen ließen. Es waren Techniker und Wirtschaftsfunktionäre, sie fühlten sich unter sich, lachten dröhnend, legten sich im Sitzen zurück, so daß der vom Hosenbund eingeschnürte Bauch das Hemd zu sprengen schien, schlugen sich auf die Schenkel und rissen Witze: dummdreiste, derbe, diskriminierende Witze, Witze, in denen sie sich als die Herren über Sexualität gebärdeten. Ich war verblüfft: Das sollten die Söhne dieser netten alten Dame sein? Und so jung ich auch war: Ich begann zu kämpfen – ich bekundete meinen Protest in Blicken und Bemerkungen. Aber die Reaktion der alten Dame verblüffte mich noch mehr: »Weißt du, wenn du mal älter bist, dann wirst du das auch verstehen!« sagte sie mit ihrem gütigen Lächeln. – Was gab's da zu verstehen? War das die Weisheit des Alters? Eine Frau, die ihrem eigenen Geschlecht, also unzähligen Mädchen, Müttern und alten Frauen das Recht auf persönliche Würde aberkennt und diese Erkenntnis als Ernte einer langjährigen Lebenserfahrung präsentiert? Ich schwor mir, daß ich *so* niemals alt werden wollte, daß ich mich niemals abfinden wollte.

Ich konnte mich nie an den alltäglichen Sexismus in unserer Kultur gewöhnen: Berichte der Boulevardpresse über anpassungswillige Ostasiatinnen, die man per Post bestellen kann und die noch wissen, wie man einen Mann verwöhnt (ganz anders natürlich als diese emanzipationswütigen Mitteleuropäerinnen). Welch ein übler Trick, dachte ich, wie sie die Frauen des Ostens gegen die Frauen des Westens ausspielen, die einen ausbeuten, die anderen erpressen.

Oder die ständige unterschwellige Drohung der Vergewaltigung, die den Frauen den Nachthimmel raubt. Es wird an die Vernunft appelliert: »Ja, wenn Sie sich in eine solche Situation begeben, ja, wenn Sie nachts ohne Begleitung in so einsame Gegenden gehen, ja, wenn Sie diesen Mann schon mit in Ihre Wohnung nehmen, ja, wenn Sie sich eben zu einladend, ja, wenn Sie sich eben zu abweisend verhalten, ja, wenn Sie ohne eine feste Beziehung mit einem Mann leben, ja, wenn Sie ganz alleine im Wald spazierengehen, dann müssen Sie schon damit rechnen, daß Ihnen was passiert.«

Was ist das für eine Vernunft, an die da appelliert wird? Es ist die Vernunft der Anpassung: Als Frau bist du eben ausgeliefert. Das wird als ehernes Gesetz akzeptiert. Und daran hast du dich anzupassen! – Verhalte dich danach, verhalte dich unauffällig, vor allem als Frau unauffällig, es sei denn, du bist durch Geld, Familie, Ehemann, geregelten Lebenslauf oder berufliche Position geschützt. Geregelte Arbeit, Karriere (natürlich hast du weniger Chancen) oder geregelte Sexualität in der Ehe können dich schützen. Aber wenn du dieses Schutzgeld, diese freiwillige Anpassung nicht zahlst, wenn du deine eigenen Wege gehst, wirst du zum Freiwild. Das ist die Mafialogik, die noch immer das Zusammenleben von Männern und Frauen in unserer Gesellschaft bestimmt. Als vor kurzer Zeit eine Frau beim Telefonieren in einer Telefonzelle vor einem Restaurant ermordet wurde, fragte der Reporter konsterniert, wie es denn dazu hatte kommen können! Schließlich sei sie doch nur wenige Minuten von ihrem Freund getrennt gewesen und *auch ansonsten unbescholten.*

Die Drohung der männlichen Verfügungsgewalt über weibliche Sexualität hängt wie eine düstere, erstickende Wolke über unserer Gesellschaft, aber wir sind bereits so sehr daran gewöhnt, daß wir sie nicht mehr wahrnehmen. Eifersuchtsmord, Vergewaltigung, Mädchenhandel und Vermarktung der weiblichen Erotik in Kunst und Werbung sind nur die grellsten Erscheinungen einer Gewaltstruktur, die sich auch in kleinen alltäglichen Bemerkungen, Gesten und Blikken gewohnheitsmäßig fortpflanzt.

Spirituelle Herrschaft

Ich dachte nicht daran, mich anzupassen. Da war noch etwas anderes, was gelebt werden mußte, eine Dimension, die sich entfalten wollte. Ich hatte dieses Ausgeliefertsein in der schärfsten, fast tödlichen Form erlebt, ich hatte es in seinen alltäglichen Unannehmlichkeiten erlebt. Ich war dennoch nicht bereit, den Preis der Anpassung zu zahlen.

Es gab einen anderen Weg: Selbstreinigung und Kraftsammlung. Die Macht der individuellen Anstrengung. Ich meditierte viel, erneuerte meine Körperzellen, indem ich meine Ernährung umstellte, verzichtete auf jegliche tierische Nahrung, aß weder Fleisch noch Käse, Sahne oder Eier. Mein Körper verwandelte sich, meine Gesichtszüge verjüngten sich, Freunde erkannten mich nicht wieder – ich lebte zufrieden mit Getreide, Bohnen, Linsen, Erbsen, Gemüse und Früchten und gewann Freiheit. Ich fühlte mich weniger bedrängt, löste mich aus beengenden Beziehungen, Kraft wuchs, Verzweiflung verschwand. Und dann begann ich mit Tai-Chi, übte viele Monate lang, zu Hause, im Park, im Wald. Ich wurde still, wurde zum Waldmenschen, trug in mir das Flüstern der Blätter im Wind, die Weisheit der Wipfel und Wurzeln, die knorrige Kraft der Stämme.

Ich war allein und ohne Angst. Ich verbrachte Stunden nachts im Wald oder stieg auf der Landstraße zu einem Unbekannten ins Auto – ohne Angst, immer wieder ohne Angst. Ich war geschützt durch mein eigenes Energienetz, durch meine eigenen gleitenden Bewegungen im Raum: Gewicht verlagert sich unmerklich von einem Fuß auf den anderen – Arm lenkt ruhig Schlag des Gegners ab – Körper weicht zurück und flutet wieder vor ... Ebbe Flut und Ebbe Flut und Ebbe Flut. Yin und Yang waren ausgeglichen. Jedes Vorschnellen war Zurückweichen, jede Ausdehnung auch Zusammenziehung, das eine nicht möglich ohne das andere, die gegensätzlichen Kräfte der Welt waren im Spiel vereint. Ein Liebesspiel, in dem das Yin nicht unterlag, das Yang nicht herrschte ... beide spielten.

Ich war unendlich glücklich, daß ich diesen Weg gefunden hatte, und ging regelmäßig in den Tai-Chi-Unterricht. Nicht ein einziger Gedanke des Zweifels an meinem Lehrer kam mir in den Sinn, kein kritisches Wort über die Lippen.

Ich lernte. Ich überließ mich seinem Kraftfeld, seinem Nicht-Sprechen; seine Bewegungen wurden zu den meinen, bis ich in der Feinheit des Energiekörpers an eine Grenze stieß.

Nicht intellektuell, nicht emotional, sondern in der feinstofflichen Wahrnehmung erkannte ich, daß ich einen anderen Körper und andere Energieströme hatte als er. Ich war weiblich.

Wie schön war es gewesen, die Schülerin eines unbestrittenen und durch und durch konsistenten und bescheidenen Meisters zu sein. Aber ich mußte dieses Paradies hinter mir lassen und mich erneut auf die Suche machen.

Ohne genau zu wissen, wonach ich mich sehnte, streunte ich in allerlei esoterischen Organisationen umher, nur um immer wieder festzustellen, daß ich dort nicht fand, was ich suchte. Wenn ich hin und wieder zu bedenken gab, daß diese oder jene Ausdrucksweise, diese oder jene Übung das Weibliche diskriminierten, ausklammerten oder dem weiblichen Organismus nicht angepaßt seien, so erhielt ich mit schöner Regelmäßigkeit die Antwort, daß es in der Spiritualität kein Geschlecht gebe, das sei hier nicht relevant, und im übrigen habe die Frau die und die Funktion, und wenn sich jemand als Frau inkarniere, so habe sie eben auch mit den für die Frau gesetzten Bedingungen zu leben: also weniger Kreativität, weniger Führungsqualitäten, weniger intellektuelle Fähigkeiten, dafür mehr Hingabevermögen, Fürsorglichkeit und praktische Übersicht. (Das sei doch schließlich auch nicht zu verachten.) Und so waren diese Gruppen in ihrer Rollenverteilung ein Spiegelbild der Gesellschaft: Die Männer leiteten, die Frauen begleiteten, wenn eine Frau aufstieg, so tat sie dies auf Kosten ihrer weiblichen Identität: Sie begann andere Frauen unterschwellig zu hassen oder sich selbst betont spirituell, sprich »unsinnlich« zu verhalten. (Die erste und bisher einzige weibliche Päpstin übrigens versteckte das Corpus delicti ihrer Weiblichkeit, ihre Schwangerschaft, unter wallenden gold-violetten Papstgewändern, aber als sie während einer Prozession das Kind gebar, wurde ihr Geschlecht offenbar, und das war ihr Tod.)

Aber auch Männer benutzen diese Spiritualität oftmals als bequemen Fluchtweg. Indem sie zum absoluten Sein »emporsteigen«, glauben sie ihrer Relativität, das heißt ihrer Geschlechtlichkeit zu entkommen, sie glauben, mehr zu sein als eben nur ein *Mann*, irgendwie erhaben, besonders wichtig, geistig hochstehend ... aber die Privilegien, die aus ihrem physischen Mannsein resultieren, die wollen sie schon behalten. Da bleiben sie Manns genug. Manchmal ist es auch nur eine Flucht aus dem gefährlichen Feld der Erotik: sie verweigern sich dem »Geist des Tales«, wollen nicht aufgehen, nicht wegschmelzen, nicht verschlungen werden.

Tastend, zweifelnd, grübelnd, mich selbst hinterfragend erkannte ich schließlich, daß es nicht nur die sexuelle *Herr*schaft des Mannes über die Frau gab, sondern auch eine spirituelle *Herr*schaft männlich bestimmter Strukturen über das Weibliche.

Aber *Frau,* das mußte mehr sein, als ich wußte – da funkelten verborgene Schätze: Reichtum und Schönheit, Freiheit und Glück ... verborgen hinter grauen Mauern. Dunkelrote Rosen, zarte, durchscheinende Lilien, Erotik und Spiritualität ... ja, weibliche Spiritualität, gab es so etwas? Ich wußte nicht, was ich suchte, aber ich fand ... den *Bauchtanz.*

[illegible]

[illegible]

[illegible]

[illegible]

[illegible]

II.

Der schöne Schein: die Bauchtanzwelt

Vorgeschmack oder: Die Verheißung

Girlanden verschlungener Melodien, quäkend im Mizmar, einer volkstümlichen Holztrompete, zwitschernd in den Flöten, rollend im Akkordeon, silbrig klirrend im Kanun, einer Zither, tönten mir aus dem Übungsraum entgegen, lebhafte Trommelschläge trugen und jagten die Melodien voran ... der Kurs begann. Entspannen, lockern, dehnen, strecken ... und tanzen! Wir sollten uns im Spiegel antanzen, uns freundlich anlachen, während der Kerzenschein sich in unseren Augen spiegelte. Wie schwer mir das fiel, mich selbst mit Wohlgefallen zu akzeptieren, mich schön und reizvoll zu fühlen! Wie sehr standen mir doch meine spitzen Ellenbogen im Weg! Welch dunkle Krusten von Strenge, Resignation, Angst und Abwehr spürte ich in meinen Armen! Und trotz all der Monate und Jahre, die ich mit Tai-Chi verbracht hatte, waren meine Hüften eher hölzern als geschmeidig! Unbekannte Flecke auf der Landkarte meines Körpers, unzugängliche Gebirgstäler und Schluchten, die ich bei vollem Bewußtsein nicht zu betreten wußte.

Langsam taute ich auf, ließ mich von der Musik leiten, gab die Kontrolle auf. Vergiß die Form, vergiß die Leistung, vergiß die Umgebung, laß dich bewegen. Wir standen im Kreis: Eine nach der anderen sollten wir den Schultershimmy, dieses haltlos-kokette, energisch-erotische Vibrieren im ganzen Schultergürtel versuchen. Zögernd die eine, etwas mühsam die andere, ziemlich locker die dritte, und als die

Reihe an mich kam, brachen alle in Lachen aus: So auffällig kraß war bei mir der Bruch zwischen vorher und nachher: zuerst angestrengte, zum Äußersten entschlossene Konzentration, dann riß der Vorhang, das Bewußtsein schwand, mein Körper tat von selbst, was die Musik forderte, und aus meiner Brust perlte ein Schwall von tanzender, wirbelnder Energie. Ich sah erstaunt drein, und alle lachten. An diesem Abend erkannte ich, welch ein enormes Potential an Koketterie, natürlicher, absichtsloser, verspielter Koketterie ich bisher in meinem Körper vergraben hatte. Ich spürte bunte Energien von den Füßen bis zu den Haarspitzen in meinem Körper aufwirbeln, ich drehte mich, erzitterte und überließ mich den leidenschaftlich-schwülen Melodiezügen, den rollenden und funkensprühenden Trommelläufen der orientalischen Musik. Ich verlor den Verstand und tanzte.

Als der Verstand Stunden später wieder einsetzte und mit ihm Ehrgeiz und Leistungsdenken, veranschlagte ich so etwa ein halbes Jahr, um die paar Hüftschwünge, Kreise und Armbewegungen zu erlernen, aus denen dieser Tanz bestand. Dann würde ich etwas Neues beginnen. Aber Pläne, Ziele, Leistungsstreß bewirkten das Gegenteil: statt mich zu lokkern, verkrampfte ich mich, und dieses halbe Jahr wurde immer länger.

Sieben Jahre lang habe ich mich nun in der Bauchtanzwelt bewegt, ich lernte Tänzerinnen, Tanzlehrer und -lehrerinnen, Musiker, Vermarkter, Ideologen aus Orient und Okzident kennen, Menschen, die vom orientalischen Tanz leben wollen oder müssen, die von ihm profitieren, ihn lieben, sich durch ihn entfalten oder ihn aus ideologischen oder religiösen Gründen diskriminieren. Es waren sieben Jahre der Arbeit, der Entwicklung, des Staunens, der Begeisterung, des Entsetzens, der Hoffnung – aber auch der Resignation angesichts dieser schillernden, schwülen, kommerzialisierten, tabuisierten, mystisch verklärten, von Illusion, Schmeichelei und Intrigen umsponnenen, von Schmutzkonkurrenz, Neid,

Haß und Mißverständnissen zerrissenen und doch wieder so traumhaft tragisch schönen, heilsam inspirierenden und kostbaren Bauchtanzwelt.

Politik der Erotik

Der nächste Kurs, den ich besuchte, war technischer, nüchterner. Ich trat über die Schwelle und sah: verhärmte Mundwinkel, Füße, die sich abmühten, den Rhythmus zu finden, blockierte Schultern, Arme, die beziehungslos in der Luft standen, Hüften, die sich in Bewegungen preßten, für die im Gehirn (noch) kein Platz war. Graue Bewußtlosigkeit, die wie eine Zwangsjacke, wie ein Korsett über unbekannten Körperteilen lag, sie einschnürte und knebelte, damit nur ja kein echtes Gefühl nach draußen dringen konnte, damit nur ja keine spontane »Peinlichkeit«, keine frische Lebendigkeit aufkommen konnten.

Ich bemerkte es auch an mir selbst: Auf der Flucht vor dem hautnah greifbaren, atmenden, schwitzenden Körper, diesem problematischen weiblichen Körper, hatte ich mich auf eine entrückte, unnahbare Energieebene zurückgezogen, wo ich mich sicher fühlte (so ähnlich wie Daphne, die sich auf der Flucht vor Apoll in einen Baum verwandelte).

In der abgezirkelten Verhaltenheit meiner Tai-Chi-Bewegungen war ich zu einem Energiekokon geworden.

Unter den Teilnehmerinnen gab es auch Frauen, die offenbar Erfahrungen in Stretching und Aerobic hatten: Ihr Körper fand sich leichter in den neuen Figuren zurecht, und dennoch sahen ihre Bewegungen mechanisch, steril aus: das waren keine lebendigen, selbstbewußten, sprühenden Körper, sondern Körper, die gelernt hatten zu funktionieren, so zu funktionieren, daß es auch hübsch aussah.

Die Szene verschwamm vor meinen Augen, ich sah nur noch Masse, Materie, die von außen gelebt, von außen bewegt, von außen verwaltet und geformt wurde. Wer und was hatte diesen (unseren) Körpern Liebe, Bewußtsein und Selbstbewußtsein geraubt?

Das war ganz offensichtlich eine politische Frage! Marcuse sagt: Der freie Fluß der erotischen Beziehungen widerstrebt den Arbeitsleistungen einer technisch-rationalisierten Gesellschaft. Nur wenn der Erotik Energie entzogen wird, wenn sie eingeschränkt, kontrolliert, »ausgehungert« wird, läßt sich diese Art der Wirtschaft aufrechterhalten. Und bei Reich ist es noch drastischer formuliert: Zerstörte Erotik schafft muskulös verspannte, »gepanzerte« Körper, und diese Verspannungen sind das Potential für Haß, Ablehnung und faschistoide Gewalt.

Dann schweiften meine Gedanken zu Rimbaud, und meine Erinnerung landete bei einem Satz aus »Illuminations« (Erleuchtungen), der mir ein unerreichbares Paradies zu verheißen scheint:

»Oh, nos os sont revetus d'un nouveau corps amoureux!« – »Oh, unsere Knochen sind von einem neuen Körper der Liebe bekleidet«. Rimbaud hatte eine leidenschaftliche homosexuelle Beziehung zu seinem Dichterkollegen Verlaine. Konnte die gesellschaftlich geächtete Homosexualität für ihn das Tor zu diesem »neuen Körper der Liebe« öffnen? War es eine Befreiung aus dem Korsett einer in Wohlanständigkeit mechanisierten Heterosexualität, in der die Frau unterlag? »Tu vois cet élégant jeune homme, entrant dans la belle et calme maison: il s'appelle Duval, Dufour, Armand, Maurice, que sais-je? Une femme s'est dévouée à aimer ce méchant idiot: elle est morte, c'est certes une sainte au ciel, à présent.« – »Siehst du diesen eleganten jungen Mann, wie er in sein schönes, ruhiges Haus eintritt: er heißt Duval, Dufour, Armand, Maurice, was weiß ich? Eine Frau hat es sich zur Aufgabe gemacht, diesen bösartigen Idioten hingebungsvoll zu lieben: sie ist tot, jetzt ist sie sicher eine Heilige im Himmel.«

Ich erinnere mich an eine erotische Begegnung mit einer Frau. Welch ein Erlebnis, welch ein Abenteuer, von ihr umarmt und umschlungen zu werden. Weder war ich in sie, noch war sie in mich verliebt, und dennoch war es kein Aufriß. Als sie am nächsten Morgen im Morgenmantel am Herd stand, um Frühstück zu machen, wußte ich mich *geborgen.*

Und als wir Tage später zusammen in einem Lokal saßen und von eher aggressiven Männern in Lederjacken belästigt wurden, ließen wir uns nicht im geringsten stören, unsere Einheit, unsere Sicherheit glich einem See, in dem jeder Messerstich spurlos verschwand. Ich wußte, wir saßen auf einem Schatz, und dieser Schatz war das körperliche Vertrauen, das wir zueinander gewonnen hatten …

»Jetzt die Hüfte rechts raus mit einem kleinen Akzent, abwechselnd rechts und links! Und dabei gehen!« Der Boden knarzt, und die Körper der anwesenden Frauen werden durch die Anweisungen der Lehrerin in die annähernd gleiche Form gebracht. Wie schwer fällt es mir doch, meine Gemeinsamkeit mit diesen Frauen zu spüren oder überhaupt zuzulassen! Den anderen scheint es kaum anders zu gehen: Jede hält einen minenbewehrten Sicherheitsabstand ein. Es wird geübt!

Im Bauchtanz gibt es die Isolationen: Einzelne Körperteile werden unabhängig voneinander bewegt. Der Kopf gleitet auf den Schultern hin und her, der Brustkorb springt vor und zurück, nach links und rechts oder rotiert in kleinen Kreisen, ohne daß die Schultern sich bewegen, die Arme und Hände schlängeln sich oder beschreiben Kreise; der Bauch wellt sich, schnellt nach außen und innen, die Hüften schlagen aus, heben, senken sich, vibrieren oder bewegen sich in Kreisen und Achterschleifen, die Füße vereinen Raum und Zeit in kleinen, rhythmischen Schritten.

Allmählich werden die Bewegungen vertrauter, nach den Stunden bahnen sich Gespräche an, man lernt sich kennen, und in dem Maße, wie die gröbsten Verspannungen wegschmelzen, entsteht ein heimlicher Nährboden der Zuneigung, verstohlene Sympathien flackern auf, die wöchentliche Bauchtanzstunde wird zu einer Institution. Ist es nur das Lehrprogramm, das die Anziehung schafft? Nein, es sind auch diese Spurenelemente weiblicher Einheit, ein kaum wahrnehmbarer Energiewirbel zieht uns aneinander. – Es ist die Vision, daß unser Zentrum sich mit dem Mittelpunkt der Erde vereint. Wächterinnen könnten wir sein …

Der Prinz

Nach einiger Zeit gab's dann ein Fest. Ich sah, wie die Fortgeschrittenen sich in den Hüften wiegten und kompliziertere Figuren vollzogen. Einige von ihnen trugen bereits glitzernde Paillettenkostüme. Muß nicht das Strahlen von innen kommen, dachte ich voller Zweifel, denn ich war aus meinen asketischen Jahren an die Armut eines Bettelmönches gewohnt. Da öffnete sich die Tür, und herein trat ein elegant gekleideter Ägypter mit einem Riesenkoffer. Er saß eine Weile, lächelte kryptisch, während einige der Tänzerinnen sich deutlich mehr in Szene setzten, scheinbar ohne auf ihn zu achten. Aber als er seinen Koffer öffnete, stoben die anwesenden Frauen auf ihn zu, und zwanzig gierige Hände griffen nach Armreifen, perlenbestickten Gürteln und paillettenbestickten Schleiern. Krampfhaft wurde das eine oder andere Kostüm »besetzt«, einige nahmen sich gleich zwei oder drei, um sie dann im Nebenraum anzuprobieren. Der Ägypter lächelte edel, während zwei bereits zum Bankomaten liefen, um Geld abzuheben und die maßlos überteuerten Tanzkleider käuflich zu erwerben.

Ich aber hatte nur eines im Kopf: Bestimmt kennt er sich mit orientalischer Musik aus. Ich will gehen und ihn fragen! Mein Blick traf den seinen, er winkte mich wohlgefällig heran, ohne allerdings seinen geöffneten Koffer aus dem Auge zu verlieren, und kurz darauf hatten wir schon ein Stelldichein. Er führte mich in ein sündteures arabisches Bauchtanzlokal, drängte mich zu essen und zu trinken, bis ich fast platzte, versicherte mir mit dankbar gerührtem Blick, wie schrecklich der Abend ohne mich wäre, stellte mich der

Bauchtänzerin des Platzes vor, die mit Reizen nicht geizte und mich schwesterlich herzlich umarmte, lud mich dann in eine Nobelbar, wo ein Longdrink dem anderen folgte. Über orientalische Musik konnte er mir nicht viel sagen, nur, daß er im Hotel eine Kassette habe, eine wirklich echte, ganz authentisch ägyptische, die speziell für Suheir Saki, eine der besten ägyptischen Tänzerinnen komponiert worden sei, und die wolle er mir schenken. Da konnte ich nicht nein sagen und folgte ihm entzückt und angeheitert in sein Hotel. Dort öffnete er den Koffer, die restlichen Kostüme strahlten und glitzerten daraus hervor, und er befahl mir, eines nach dem anderen anzuprobieren. Jedesmal, wenn ich wieder aus dem Badezimmer kam, prüfte er kurz und sagte: »You must try this one!« Aber keines wollte so recht passen, sie waren mir alle zu groß. Schließlich schenkte er mir ein einfaches Folklorekleid, das dann auch wirklich paßte. Und er schenkte mir diese Kassette, die ich später immer wieder in meinem eigenen Unterricht verwendete, und dazu noch einen ägyptischen Halsschmuck aus Silberdraht und schwarzen und rotbraunen Tonperlen.

Ich war in meinem angeheiterten Zustand so beschwingt, daß ich immer nur lachte, mit einem ganz, ganz herzlichen Dankeschön durch den Türrahmen schwankte und zu Fuß nach Hause pilgerte. Lachend wachte ich am nächsten Morgen auf. Es war kein Traum. Da hing das Kleid, der Schmuck und vor allem ... da war diese echt ägyptische Musikkassette, die soviel Heiterkeit und lachende Bewegung verbreitete!

Ich revanchierte mich, brachte ihm ein Gegengeschenk ins Hotel, ein Aquarell, das ich früher einmal gemalt hatte, und er sagte: »There is something very special about you!«

Beim nächsten Tanztreff gab's dann die Quittung! Einige der Tänzerinnen feindeten mich an, sagten, ich hätte an jenem Abend schlecht getanzt, das sei kein richtiger Bauchtanz gewesen, was ich mir einbilden würde, mich vorzudrängen und noch dazu diesen Ägypter zu kapern ... Tja, es war eben ein Prinz gekommen, wie im Märchen vom Aschenputtel, ein Prinz, der geheimnisvoll lächelte, mit Edelsteinen handelte und hin und wieder ein paar Bauchtanzkostüme verhökerte. Und obwohl diese Frauen viel mehr Geld hatten als ich, fühlten sie sich doch arm genug, mich zu beneiden … weil der Prinz sich zu mir herabgebeugt und mich erhöht hatte. So war der Traum von weiblicher Einheit im Bauchtanz schnell zerplatzt, ich hatte zum erstenmal Neid und Konkurrenz erlebt.

Ähnlich erging es mir, als ich zum erstenmal bei einem Gruppenauftritt vor einem großen Publikum mittanzte. Die anderen waren schon länger dabei und reagierten indigniert, als die Leiterin mich vorschlug. Tatsächlich gelang es mir noch immer nicht recht, die Hüften locker vibrieren zu lassen. Ich spürte die Ablehnung der anderen Tänzerinnen, fragte mich, ob ich nicht besser zurücktreten solle, und ging voller Zweifel zur nächsten Übungsstunde. Und dann war mir alles egal, ich fegte alle Zweifel, Gedanken, Ängste und Ziele aus meinem Kopf, es war wie ein Wirbelsturm, der mich ergriff … und was ich so lange erfolglos geübt hatte, plötzlich war es da: Meine Hüften vibrierten lebhaft mit nie gekannter Lust, vibrierten im Stehen und im Gehen, im Wiegen und im Kreisen. Unsere Leiterin fiel mir um den Hals und küßte mich auf beide Wangen.

Die Musik

Kurz darauf verriet mir ein türkischer Musiker, daß sie den Bauchtanz nur mit ins Programm nehmen würden, um mehr Publikum anzuziehen, um den Saal zu füllen und auf ihre Kosten zu kommen. In Wirklichkeit ginge es um die Musik, die alten osmanischen Lieder, der Rest, also der Bauchtanz, sei ohnehin nur halbseidenes Showbusineß. Ich nickte nachdenklich, in der Tat ging mir die Schminkerei in der Umkleidekabine auf die Nerven, ich schminkte mich schnell, zog mir was über und war schon im Konzertsaal. Die Musik war tief, die Texte über alle Maßen poetisch. Ich war verzaubert. »Zieh die Ruder ein, weck den Mond nicht auf ...«, hieß eines der Lieder. Daran zu denken, wie der Mond sich im Bosporus spiegelt ...

Und dann auf der Bühne im Schlußakt geriet ich fast in Trance, als die Rhythmen aus der Darbuka, der Tontrommel dahinstürmten, polterten, jagten, sich überschlugen.

Einige Wochen später traf ich den Trommler wieder, und an einem bedeckten Frühlingstag lagen wir dann zusammen in den Kissen. Er griff in meinen Kassettenhaufen und erwischte »More« von Pink Floyd. Ich hatte es lange nicht gehört, aber manchmal schon gedacht: Wenn es Reinkarnation gibt, dann müssen die Musiker von Pink Floyd früher einmal orientalische Musiker(innen) gewesen sein.

Mond/Neptun ist ihre Signatur, osmotische Transzendenz ihr Element. Von Pink Floyd gewiegt, sanken wir ineinander, und genau in dem Augenblick, als ich ihm die Silberne Pforte öffnete, ertönte mein Lieblingslied »And it's high time, Cymbaline, high time, Cymbaline!«

Dieses Lied hatte mich einmal in einer sehr harten Zeit gerettet. Tagelang hatte ich es gehört, nur um meinen Schmerz zu betäuben, und da war es wieder! »Es ist höchste Zeit, Cymbaline, höchste Zeit!« Höchste Zeit wofür? Um das Zimbeln zu lernen, das Spiel mit den Fingerzimbeln, mit denen die Tänzerin sich selbst begleitet? Ich nahm es als einen Hinweis, daß es mir bestimmt sei, mit diesem Mann eine tiefe Beziehung einzugehen. Seine Mutter war kugelrund und lustig, sie liebte mich und ich sie auch. Aber er? Er war undurchdringlich. Er kam, schwieg, wälzte sich mit mir im Bett und verabschiedete sich sehr bald wieder. Er kam, wann er wollte. Oft kam er nicht. Ich verzehrte mich vor Sehnsucht, weinte mir die Augen aus, wartete, grollte, hoffte, während er Nächte hindurch spielte, Raki trank und bis in den Nachmittag hinein schlief.

Ich versuchte mich zu trennen, übersah dabei aber, daß wir gar nicht zusammen waren. Eines Tages schlug er mir vor, einen seiner jungen Musikerfreunde zu heiraten ... für die Aufenthaltsgenehmigung! Das sei wirklich ein guter Freund von ihm, und er spiele so gerne mit ihm zusammen. Dafür also konnte er mich gebrauchen! Nun wußte ich, daß es wirklich höchste Zeit war, höchste Zeit, mich zu lösen. Ich erkannte, daß ich etwas verwechselt hatte. Nicht den Trommler brauchte ich ... sondern die Trommel!

Nicht den Musiker, sondern die Musik in mir! It's high time, Cymbaline! In einer Vollmondnacht telefonierte ich wie besessen um alle fünf Ecken hin und her, bis ich schließlich einen Lehrer gefunden hatte. Ich lernte trommeln und zimbeln!

Die Premiere

Ich nähte mir die ersten beiden Kostüme: so einfach, so bescheiden! Aber die Symbolik stimmte, sie stimmte mit einer Stringenz, die ich damals nur ahnen konnte. Ein silbrig schimmerndes langes Kleid, das die Schlangenbewegungen zur Geltung brachte, und ein kupferfarbenes Kostüm aus Gürtel und Oberteil, das in all seiner Einfachheit doch die Assoziation eines kostbaren Tempelkostüms weckte. Silbermond und Kupfervenus, Urschlange und Liebesgöttin, da waren sie vereint. Es war eine Vorahnung, ein Programm sozusagen für Schlangenkult & Tempelliebe, meine erste selbstproduzierte soziologisch-tänzerische Performance, zu der ich auch die Musik selbst geschaffen habe.

Ich ging weiter in die Bauchtanzstunden und übte oft stundenlang allein im Wald, immer dieselben Bewegungen, bis sie mir in Fleisch und Blut übergegangen waren.

Eines Tages warf ich nach einem Kurs die Arme in den Himmel und rief aus: »Ich will tanzen!!!« Drei Tage später kam ein Anruf: »Wir brauchen eine Bauchtänzerin. Können Sie uns weiterhelfen?« – »Gern! Ich mache das selbst.«

Fieberhafte Vorbereitungen, das erste richtige Bauchtanzkostüm in Gold und Orange. Nähen bis zum späten Abend, auftrennen, nochmals nähen, Musikstücke überspielen, kombinieren, Choreografien zusammenstellen und üben, üben!

Ich glaubte, ich müsse sterben, als ich über die Brücke in den anderen Stadtteil ging. Ich glaubte, ich müsse sterben, als ich die Treppen hinaufging ... und ich wollte sterben, ich wollte sterben und neu geboren werden, ich wollte meinen Tanz ganz und gar dem Glück der eben vermählten Frau widmen. Wenn ich auch selbst kein Glück in der Liebe hatte, sie sollte es haben! Ich wollte ihr Glückwunsch sein!

Ich begann mit dem Schleier zu tanzen, ließ ihn sinken, die Musik ergriff mich, Choreografie und alle auswendig gelernten Schritte verließen mich, ich wußte nicht mehr, daß ich tanzte, ich spürte einen »heiligen Schauer« über meinen Rücken rieseln. Als der letzte Ton verklungen war, sprangen die Gäste, die zuvor gelangweilt in den Kissen gelegen hatten, begeistert auf und wollten tanzen. Der Tanz hatte sie mitgerissen, wie er auch mich mitgerissen hatte.

Und das ist die »Moral von der Geschicht'«: Wo ich plante, beabsichtigte, strebte, Hintergedanken hegte, geriet ich in Schwierigkeiten, aber wenn ich dem Lauf der Welt vertraute, mich hingab und nichts wollte, nur ein bißchen wünschte, da wurde ich beschenkt, da lief das Glück mir nach!

In den Kneipen ...
Geld, Sex und Alkohol: Tanz als Ware

»Du mußt tanzen«, sagte mein persischer Trommellehrer. »Du bist so begabt! Aber du brauchst Routine. Geh einfach in die Restaurants, sag ihnen, daß du tanzt. Und wenn sie dir auch nur 40 DM geben ... Nimm es an. Tu's, es ist wegen der Übung!«

Also machte ich mich auf die Socken. Der erste türkische Kneipier, bei dem ich mich vorstellte, schien recht erfreut zu sein. Ich könne morgen am frühen Abend mit Kostüm und Kassette vorbeikommen und erst mal vortanzen.

Die Autos dröhnten über den Asphalt der nahegelegenen Schnellstraße, in die schwüle Luft mischte sich eine frische Abendbrise, als ich – die Reisetasche mit Kostüm und Kassette über der Schulter – die Kneipe betrat. Der Raum war fast leer, nur an einem der Tische saß eine Gruppe von etwa zwölf Gästen, unter ihnen etliche Deutsche, die noch nie Bauchtanz gesehen hatten. Der Wirt bediente sie selbst, umkreiste beflissen ihren Tisch, lächelte gewinnend und notierte ihre Bestellungen. Als er mich sah, wies er mir den Weg zur Umkleidekabine, und kurz darauf stand ich in meinem türkis-dunkelblau schillernden Kostüm vor den Gästen, während meine vertraute, oft geübte Lieblingsmusik ertönte.

»Näher zu den Gästen hin«, raunte der Wirt mir zu, aber ich war so in meine Girlanden und Schwünge vertieft, daß ich nicht darauf einging. Ich tanzte lebendiges Filigran, fein ziseliert, anmutig, temperamentvoll, bis schließlich die letzten Trommelschläge erklangen und ich die Tanzfläche verließ.

»Du hast gut getanzt«, sagte mir hinterher die Frau eines türkischen Musikers, die zufällig anwesend war.

Der Wirt jedoch würdigte mich keines einzigen Blickes, tat, als sei ich nicht existent und gab mir keine Möglichkeit, mit ihm zu sprechen.

Seltsam ... rätselte ich. Hatte ich etwas falsch gemacht? War er wirklich so beschäftigt? Ich zog es vor, mich nicht aufzudrängen, und als sich an seinem Verhalten nichts änderte, ging ich schließlich.

Erst Wochen später hörte ich, daß das seine Geschäftstaktik war: Er hatte niemals vorgehabt, mich zu engagieren. Mein Vortanzen war ein unbezahlter Auftritt für eine Gruppe von Gästen, die sich bereits am Vortag überraschend angemeldet hatten. So konnte er ihnen auch noch den außerplanmäßigen Luxus einer Bauchtänzerin am frühen Abend bieten. Aus unbezahlten Auftritten bestritt er einen beträchtlichen Teil seines Unterhaltungsprogramms. Gratistanz und teure Drinks!

In einem anderen Restaurant nahm mich der Wirt nach dem Tanzen zur Seite, legte seine fleischige Hand auf die meine und sagte mit öligem Lächeln: »Wissen Sie, wir haben in der Türkei ein gutes Sprichwort, das heißt: Göster, vermi! Zeige, aber gib nicht! Sie sind nicht sexy genug! Die Gäste wollen Spaß haben. Gehen Sie näher an die Tische ran, seien Sie verführerisch! Versprechen Sie alles, Sie brauchen ja nichts zu halten. Ja, göster, vermi!« Er atmete triumphierend und setzte hinzu: »Kommen Sie nächste Woche am Freitagabend wieder. Da haben wir hier ein Fest, das Fernsehen kommt auch! Da können Sie tanzen, das ist gute Werbung für Sie.« Ich war perplex! Dieses Göster-vermi-Prinzip war mir so fremd, erschien mir so berechnend. Was hatte das mit Tanz, mit der Interpretation der Musik zu tun ... ich sollte mich prostituieren, damit er mehr Raki und Hammelspieße verkaufen konnte?! Ich zog den Gazeschleier dichter um die Schultern, lachte nervös und entgegnete verschüchtert und trotzig: »Göstermiyorum, vermiyorum!« (Ich zeige nicht und gebe nicht!) Und ging nie wieder hin.

Sollte ich aufgeben ... oder noch einen Versuch machen? Fast durch Zufall entdeckte ich ein kleines arabisches Restaurant, dessen Wirt selbst Trommler und Sänger war. Ich atmete auf, glaubte schon einen Hauch von Kongenialität, von Zuhausesein zu verspüren. Er fand mich sympathisch, ich ihn auch. »Du bist begabt,« sagte auch er. »Ich werde dir Unterricht geben. Ich habe in Dubai, in den großen Hotels, im Libanon, in Syrien getrommelt. Ich habe Tänzerinnen ausgebildet, die sehr erfolgreich geworden sind. Du wirst sehr erfolgreich sein! Du wirst hier fest angestellt sein. Ich weiß, was ich tue!« Er hatte das Lokal neu übernommen und wollte mit guten Musikern und einer neuen, noch nicht bekannten Tänzerin einen starken Anfang machen. Aber zuerst sollte ich vormittags zum Üben kommen. Er gab mir einige Kassetten und sagte: »Schau, was du daraus machen kannst!«

Ich erarbeitete mir Choreografien, und er korrigierte mich, riet mir, hier mehr abzuwechseln, diese oder jene Bewegung wegzulassen, eine andere einzufügen. »Hier an dieser Stelle mußt du schräg an den Tischreihen vorbeitanzen, ja, gut so, und jetzt beug dich nach hinten, tiefer, ja, näher an den Tisch ran, zeig dich von vorne, lächeln ... lächeln!! ... Du mußt immer guter Laune sein, du mußt die Gäste zum Lachen bringen. Nächste Woche haben wir hier eine geschlossene Abendgesellschaft. Fordere die Gäste zum Mittanzen auf! Vor allem die Männer! Du mußt ihnen das Jackett ausziehen ... ja, oder ihnen die Hosenbeine aufkrempeln. Das lieben sie!!«

Ich schwieg betreten. Ich sollte mich vor irgendeinem Vertreter oder Geschäftsmann hinknien, in einem festlichen Kostüm mit Goldpailletten, Perlenschnüren und tiefem Dekolleté ... und seine Hosenbeine ... nein, doch nicht! ... oder wie ein Lakai seine Anzugjacke halten? In diesem Kostüm??!! ... war dieses glitzernde Kostüm denn nicht ein Abglanz archaischer Macht, war es nicht ein später Nachfahre von zeremoniellem Hüft- und Halsschmuck, wie ich ihn noch auf alten Göttinnenstatuen gesehen hatte? Und da sollte ich mich zum Idioten machen, damit die Herren mal ganz ungezwungen sein könnten? Verpflichtete mich denn dieses Kostüm nicht zu Unnahbarkeit, zu einem kostbaren Umgang mit mir und meinem Tanz? Drückte es nicht Würde aus?

»Bring morgen dein Kostüm mit!« befahl er mir. Und als ich am nächsten Morgen in Seide und Pailletten tanzte und übte, riet er mir: »Du mußt deinen Gürtel enger schnallen, damit die Hüfte eingeschnürt wird. Dann quillt das Fleisch heraus. Das sieht hübscher aus ... Komm!«

Er drängte mich in eine Ecke des Umkleideraums und griff ohne Umstände in meinen BH ... rein professionell natürlich. »Du mußt das Oberteil von innen polstern, damit der Busen größer aussieht. So, ja, so ist es besser. Außerdem brauchst du eine neue Frisur, geh zum Friseur, du brauchst Haarspray. Du mußt wissen, als Tänzerin bist du so was wie ein Mannequin. Alle schauen dich an. Du mußt schön sein!«

Du mußt, du mußt, du mußt ... Ich spürte den Ansatz von Wut im Bauch, aber ich war zu schwach, und die Wut verwandelte sich in Bedrückung, in Schwermut.

Tänzerin, das war für mich etwas Großes, Poetisches, Feierliches, ein ferner, glückverheißender Horizont der Freiheit ... aber hier war ich ja nur Puppe, nur Werkzeug ... mich ekelte vor diesem Betrieb. Ich fühlte mich elend, entwurzelt und ausgeliefert.

»Komm, trink erst mal einen Tee ...«, sagte mein Chef und Lehrer, dem ich mich verpflichtet fühlte, weil er mir drei Unterrichtsstunden umsonst gegeben hatte, und ich wußte nicht, wie ich seiner Freundlichkeit entrinnen konnte ... ich war wie von Watte umgeben.

Lehrmeisterinnen

Die Tür ging auf, und herein kam eine große, imposante Gestalt. Ich kannte sie von Fotos, ja, das war die dienstälteste Bauchtänzerin am Platz. Reich gekleidet, mit Ledermantel, posamentengezierten, satinglänzenden Rockschößen, trat sie in den Gastraum, trug einen hochgeschnürten Busen und einen weichen Bauch vor sich her. Mit gedehntem Adlerblick und unbezwinglich-siegreichem Lächeln eroberte sie den Gastraum und schien auf Ovationen zu warten. Mein Chef bot ihr einen Platz an, und nach kurzem Zögern setzte sie sich neben mich.

»Guten Tag, wissen Sie, ich habe Sie schon auf Fotos gesehen ich hab' von Ihnen gehört ...«, beeilte ich mich zu sagen. Sie verschwendete einstweilen ihren Charme an den Besitzer, der sich ebenfalls von seiner charmantesten Seite zeigte, und als sie bemerkte, daß ich ihr nichts Böses wollte, begann sie mich in die Bauchtanzwelt einzuführen.

»Freundschaften gibt's hier nicht, glaub das bloß nicht!«

erklärte sie. »Aber mit Amira[1] mußt du dich gutstellen. Sie ist ein Engel, sie hat schon vielen Anfängerinnen geholfen. Aber sie kann teuflisch sein. Ich möchte sie nicht zur Gegnerin haben. Wo tanzt du denn sonst noch? Ich bin hier in dieser Stadt die einzige, die mit Zimbeln tanzen kann. Wie wär's denn, wenn du mich mal im Restaurant ›Serail‹ ablösen würdest. Auf diese Weise lernt man dich kennen. Ich könnte dir schon helfen.«

Das war nun allzu durchsichtig. Sie versuchte mich als Vertretung in einem abgelutschten Billigschuppen zu kapern, um selbst bessere Engagements wahrnehmen zu können, ohne daß ihre Position in diesem Billigschuppen durch gierige Konkurrentinnen bedroht sein würde. Hausmachtbildung – nein danke.

»Aha, und du tanzt jetzt hier?«

Ich erklärte mich sofort bereit, ihr diesen Platz zu überlassen:

»Ich weiß ja, Sie haben viel mehr Erfahrung als ich.«

Der Besitzer sah mißvergnügt drein. Die alte Tänzerin mit dem arabischen Namen und dem europäischen Blut fuhr fort, über sich und ihren Tanz und ihre Erfahrungen im Leben zu sprechen: »Glaube ja nicht, daß das ein Zuckerlekken ist. Da gibt es Feindschaften und Intrigen, ja sogar Mordversuche. Ich bin einmal einem Attentat knapp entronnen.«

»Um Gottes willen, was ist passiert?« fragte ich.

»Das war sehr spät abends, ein türkisches Lokal. Ein kalter Wintertag. Ich setzte mich nach dem Tanzen ins Auto und wollte nach Hause fahren. Es war Glatteis, und deswegen bin ich sehr langsam gefahren. Vor einer Ampel wollte ich bremsen, aber die Bremsen waren kaputt. Die haben mir die Bremsschläuche durchgeschnitten.«

Sie zog Fotos hervor, die sie griffbereit hatte und die sie in verschiedenen Posen zeigten. »Ich kann dir schon helfen«, wiederholte sie eindringlich, aber nachdem sie meine Kleidung (Jeans und Pullover) mit abschätzigem Blick gemustert hatte, meinte sie schließlich mißbilligend: »Also, wenn du dich so anziehst, wird aus dir nie eine Tänzerin!«

»Saida tanzt gut«, erklärte mir der Lokalbesitzer später, »aber sie hat schon so viel getanzt, jeder kennt sie, sie ist einfach zu alt. Sie möchte gern bei mir tanzen, aber ich will es nicht. Ich weiß, was ich tue!«

Eine junge ägyptische Restauranttänzerin schlug die Hände über dem Kopf zusammen: »Was, mit der hast du geredet, oje, oje. Die tanzt ja immer noch. Keiner will sie mehr. Und weißt du was?« rief sie voller Empörung aus. »Die tanzt ja sogar ohne Gage, nur fürs Trinkgeld! Erst ist sie auf siebzig Mark runtergegangen, dann auf fünfzig, jetzt tanzt sie umsonst! Nur um die auszustechen, die mehr verlangen. Damit sie ihre Restaurants fest in Händen hat, damit keine andere reinkommt.«

Als ich ihr dann schüchtern von meinem Bauchtanzlehrer erzählte, kreischte sie vor Lachen: »Was, umsonst hast du getanzt? Ja, bist du denn verrückt, nur weil er dir ein paar Stunden gegeben hat? Was hast du denn bei ihm gelernt?«

Ich zog es vor, keine Einzelheiten zu erzählen.

»Du mußt das ganz anders machen. Weißt du was? Du kommst einmal mit mir in die Clubs, da zeig ich dir, wie das geht!«

Ich fühlte mich geehrt und war Feuer und Flamme, mit ihr auf Tour zu gehen. Sie war klein, überschäumend temperamentvoll, und ihre dunklen runden Augen waren quicklebendig und allgegenwärtig. Für den Bauchtanz hielt sie sich mit Aerobic fit, sie war modern und ohne Skrupel. Wir fuhren in ihrem Mercedes an einem Sexkino vorbei, und sie lachte aus vollem Hals und sagte: »Was meinst du, gehen wir da rein, da sind die Männer dann ganz kaputt.«

Mit den Wirten der Bauchtanzlokale flirtete sie hemmungslos, tätschelte ihnen Wangen oder Brustpelz, nur um sie dann mit tiefernstem Blick an ihre Verpflichtungen zu erinnern ... es sei doch wohl klar, daß sie schon immer eine ganz tiefe Beziehung gerade zu diesem Lokal gehabt hätte. Sie sei doch eigentlich die einzige, die es verdiene, hier zu tanzen. – »Das kostet? O ja, normal kostet es 150,– DM, aber für dich mache ich einen Freundschaftspreis: 80,– DM die halbe Stunde. Aber du mußt mir versprechen, daß du nur mich engagierst!« Der Wirt ist überwältigt und nickt ergeben.

»Siehst du, so muß man das machen«, sagt sie in der Umkleidekabine, und dann, hastig: »Ist mein Kostüm in Ordnung?! Kannst du es mir hinten festmachen?! Ja, so! Danke dir, mein Schatz! Diese Scheißkostüme! Soviel Arbeit hat man damit! Was ich da Stunden dran genäht habe! Sag mal, kennst du das Rezept, wie man mit Zuckermasse die Beinhaare entfernen kann? Jedesmal 70,– DM bei der Kosmetikerin! Das geht mir allmählich schon auf die Nerven. So, jetzt geht's gleich los. Sei ein Schatz, paß auf meinen Pelzmantel auf! Ciao, halt mir die Daumen!«

Und sie geht an die Männer ran! Tanzt auf den Tischen, kniet nieder und läßt sich nach hinten herab, Kopf neben der Suppenterrine, und mit durchtrainierter Bauchmuskulatur wieder hoch, sobald die Scheine im Oberteil stecken. Sie läßt den Männern keine Chance, fragt den einen: »Wie heißt du?«, versichert dem anderen: »Du, du bist mein Liebling!«, bis der sich in Liebesschmerzen windet, in dieser süßen Qual, sie niemals erreichen zu können.

Einige versuchen ihr Widerstand zu leisten, versuchen ihr zu zeigen, daß sie als Ägypterin nicht ihrem türkischen Geschmack entspricht ...

Sie tanzt sie an, mit Zittern und Hüftschwung, bis der eine doch seinen Geldbeutel zückt. Ein Deutscher dreht sich zu ihr hin, grinst, will seinen arabischen Freunden imponieren, seine Geschlechtsreife beweisen und schmiert ihr ein paar geile Witze um den Gürtel.

Sie fordert ihn zum Tanz (zum Duell, gewissermaßen), er muß aufstehen, um seinen Stuhl herumsteuern, und nun steht er wie ein Affe vor ihr, ahmt im Tanzwettstreit ihre Hüfttwists nach, geht wie sie langsam zu Boden, leicht nach hinten gebeugt ... er kann es auch, will es beweisen, es gelingt nicht so recht ... Aber sie ist schon wieder oben, und während er mit steifen Gelenken darum kämpft, vom Boden weg zum aufrechten Stand zurückzukehren, steht sie hohnlachend über ihm und setzt ihm den Fuß auf den Bauch. Der Schuß ging nach hinten los.

Sie kommt mit flatternden Geldscheinen in Gürtel und BH zurück in die Ankleidekammer, bündelt sie blitzschnell und zählt sie durch: »Na ja, nicht so besonders, aber es geht!« Mit dem Taxi geht's dann zum nächsten Tanzlokal.

»Sag mal, macht dir das nichts aus, wenn die Männer dir so nahe kommen?« frage ich sie mit kindlicher Unschuld. Der türkische Taxifahrer lächelt gerührt. Welch eine Verkehrung! Die Orientalin ist die Hemmungslose, die Europäerin die Schüchterne!

»Aber wieso denn?« erwidert sie verständnislos. »Ich gehe nie mit einem der Gäste mit. Das darfst du nie tun, niemals!« funkelt sie mich mit schwarzen Augen drohend an.

Animation oder Prostitution?

Aber sie stieß nicht immer auf Gegenliebe: »Semiramis, du versprichst doch immer alles. Jeder ist dein Schatz beim Tanzen! Warum tust du's denn nicht wirklich? Bist du dir zu gut dafür?« Diese Frage stellte eine bejahrte, ausladend mächtige Bauchtänzerin ihrer ägyptischen Kollegin ... mit einem Unterton von Spott und Drohung. Die Ägypterin fuhr hoch und schleuderte ihr hohnlachend entgegen: »Das kannst *du* machen. Ich habe das nicht nötig! Ich bin Semiramis! Ich bin Tänzerin.« Feine Unterschiede! Zu mir sagte sie nochmals mit aller Eindringlichkeit: »Das darfst du nie tun! Sonst bist du als Tänzerin unten durch.«

Im allgemeinen also gilt: »Göster, vermi! Zeige, aber gib nicht.« Das ist der Punkt, an dem die Animierdame glaubt, sich von der Prostituierten unterscheiden zu müssen. Der Ruf einer Bauchtänzerin jedenfalls ist fragil und muß geschützt werden. »Sie ist in letzter Zeit so hochnäsig geworden?!« wunderte sich eine Bekannte über eine einstige Freundin, die nun als Bauchtänzerin erfolgreich wurde.

Die Erklärung eines ägyptischen Bauchtanzlehrers: »Das muß sie, das gehört zum Job.« Er schärfte uns ein, daß sich die Tänzerin im Restaurant niemals nach den Scheinen bükken dürfe, die man ihr hingeworfen habe. Dafür sei der Kellner da. »Sie bückt sich nicht nach dem Geld, selbst wenn sie zu Hause nur Brot und Oliven ißt!«

Also sich auf Schritt und Tritt bedienen lassen, immer nur beste Kleidung tragen, ganz Dame und möglichst herablassend sein! Semiramis fuhr im Nerzmantel mit dem Mercedes zu den Gastarbeiterclubs, in denen sie tanzte. Das also hatte sie doch nötig. Die Animierdame schützt sich durch Eleganz vor der Gosse.

Leila allerdings kümmerte sich nicht im mindesten um dieses Verbot: Wenn es spät geworden war und die Kerzen abgebrannt waren, nahm sie den einen oder anderen der liebeshungrigen türkischen Gastarbeiter unter ihre Fittiche und eskortierte ihn mit der Schwerkraft einer Magna Mater um einige Häuserecken zu ihrem Auto, um ihn bald darauf um einiges erleichtert wieder abziehen zu lassen.

»Meine Tochter kann tanzen! Sie könnte die Beste sein ... Ich laß sie jetzt noch, aber wenn sie zwölf Jahre alt wird, verbiete ich es ihr.« Meine türkische Hausmeisterin, mit der ich so manchen interessanten Plausch hatte, sah mich beifallheischend an. Ihre kleine Tochter war ungeheuer begabt, sie bewegte Hüften und Arme mit seltener Anmut – ich konnte den Blick nicht von ihr wenden. Noch zwei Jahre, und dann sollte es aus sein?

»Sag niemand, daß du tanzt«, riet mir mein persischer Trommellehrer. »Die Leute brauchen das nicht zu wissen! Ich erzähle auch nicht, daß ich Musiker bin ...«

Wenn in den Ländern Mitteleuropas ein Mädchen Tänzerin werden will, gibt es oftmals Widerstand von seiten der

Eltern. Aber das bezieht sich meistens auf die finanzielle Seite des Vergnügens.

»Ja, glaubst du denn, daß du damit dein Leben bestreiten kannst?« Im Orient geht es um die Ehre des Mädchens, die mit der Familienehre gleichgesetzt wird. Tänzerin zu werden fordert von orientalischen Frauen großen Mut. Es kann den Abstieg in eine andere soziale Kaste bedeuten, Ächtung oder gar Vergeltung durch die eigene Familie, ständige Besorgnis um ihren Ruf ... oder aber großen Ruhm und Reichtum, wenn sie's schafft und zur Diva wird.

Konkurrenz mit Klauen und Zähnen

Leider ist das Verhältnis der Tänzerinnen untereinander nicht gerade ein liebendes. Und wenn man sich naiv in diese Szene begibt, kann man böse Überraschungen erleben. Eine junge deutsche Tänzerin hatte sich bei einem türkischen Kneipier vorgestellt, und er forderte sie auf, ihr Können zu zeigen, obwohl die Show der dort engagierten türkischen Bauchtänzerin noch nicht vorbei war.

»Ist gleich Sperrstunde, die Musiker gehen bald, du mußt jetzt tanzen!« – »Aber sie ist ja noch nicht fertig!« – »Macht nichts, du mußt jetzt tanzen!«

Das Mädchen ließ sich überreden, und ihre türkischen Freunde und Freundinnen, die sie dem Kneipier vorgestellt hatten, klatschten ihr zu, feuerten sie an und zeigten deutlich ihre Abneigung gegen die andere Tänzerin. Das Publikum spaltete sich, die Musiker wußten nicht mehr, für wen sie spielen sollten. Die Türkin legte sich energisch ins Zeug, ließ den Bauch rollen, präsentierte den Busen, der aus schwarz-silbernen Pailletten quoll, lächelte böse und begann, mit einigen der Gäste zu flüstern und zu flirten. Zwischendurch warf sie kurze Blicke in die Richtung der anderen Tänzerin, die noch nicht ahnte, was sich da zusammenbraute ... Die Türkin sammelte ihre Anhänger.

Als die Deutsche mit ihren türkischen Freundinnen und Freunden das Lokal verließ, standen sechs Männer an der Tür, die sie mit Blicken durchbohrten. Erst später erfuhr sie, daß es um ein Haar zu einer Schlägerei gekommen wäre.

Lügen, Intrigen, Drohungen, Schmutzkonkurrenz und Erpressung sind in dieser Szene an der Tagesordnung: Die Tänzerin lächelt der Rivalin süß ins Gesicht, setzt hinter ihrem Rücken Gerüchte über sie in die Welt, schmeichelt sich selbst bei den Lokalbesitzern ein, nützt deren Abwesenheit bei Krankheit oder Urlaub, um alsbald ihre Stelle einzunehmen, und wenn die Konkurrentin gefährlich gut wird, sorgt sie dafür, daß sie unter ungünstigen Bedingungen tanzt oder gibt sie gar als die eigene Schülerin aus. Sie unterbietet den Preis der Rivalin, tanzt nur fürs Trinkgeld oder tut, wenn sie schlau ist, genau das Gegenteil: Sie streicht ihre eigenen Vorteile heraus. »Ich *kann* tanzen, schau, ich hab ein ganz neues Kostüm, ich weiß gar nicht, woher ich die Zeit für all meine Engagements nehmen soll, aber für dich tu ich's trotzdem. Die Maschalla, die kann doch noch gar nicht tanzen, ja, wenn du natürlich Anfängerinnen nimmst, aber die weiß doch gar nicht, was Rhythmus ist ...« – und verlangt mehr.

Sie paßt sich den Wünschen der Kneipiers und Gastwirte an, heizt die Stimmung an, gibt jedem der Gäste das Gefühl, daß nur er gemeint ist, zeigt immer mehr Fleisch und Fett in eng geschnürten Gürteln und ausgestopften BHs, rammt mit Hüfte und Gesäß die alkoholisierten Gäste, läßt sich im Extremfall auch betatschen, lächelt glücklich über die dümmsten Witze, tut, als gehe sie das alles nichts an ... und ergattert so den schlecht bezahlten Job, um den mit Zähnen und Klauen gekämpft wird: Orientalinnen konkurrieren untereinander und mit Europäerinnen, Europäerinnen mit ihresgleichen und mit Orientalinnen, jede gegen jede.

Wichtig sind in diesem Kleinkrieg auch die richtigen Koalitionen und Beziehungen. Günstig ist es, sich mit Musikern anzufreunden, die die Tänzerin dem Wirt empfehlen können, manchmal werden auch Stammgäste ihre Wünsche äußern, mit ihnen muß man sich gutstellen, und dann gibt es auch starke Frauen, die die Fäden in der Hand haben: So erzählte mir eine Tänzerin bedauernd und verärgert, daß sie bei Leila in Ungnade gefallen sei. Leila war eine stattliche, orientalische Matrone, die Beziehungen zu den meisten nahöstlichen Botschaften wie auch einen guten Draht zu den Restaurantbesitzern hatte. Die Mädchen, die sie protegierte, mußten ihr immer wieder kleine Gefälligkeiten erweisen, sie im Auto kutschieren, Einkäufe besorgen, etwas nähen usw.

»Eines Abends war ich schon so müde, daß ich sagte: Leila, nimm dir ein Taxi, ich muß jetzt nach Hause! Sie ließ sich nichts anmerken, sah mich nur lächelnd von der Seite an, aber ich hatte schon so ein mulmiges Gefühl, und als ich das nächstemal in mein gewohntes Restaurant zum Tanzen gehen wollte, da war schon eine andere, die ist rückwärts zu Boden gegangen und hat die Beine gespreizt, und der Wirt sagte: Was willst du? Wir brauchen dich nicht mehr! Und seitdem war's aus mit den Auftritten.«

Kurz darauf lernte ich die Mächtige selbst kennen und war fasziniert von der sanften, schwermütigen Gelassenheit, mit der sie ihre Umgebung taxierte. Sie trug elegante schwarze Kleidung mit üppigem Goldschmuck, in ihren dunklen Augen lag tiefe, samtweiche Unergründlichkeit. Wenn sie tanzte, bemühte sie sich nicht im geringsten um Temperament, technische Genauigkeit, abwechslungsreiche Choreografie. Sie hatte es nicht nötig, sie tanzte, wann immer sie wollte, wo immer sie wollte. Es war Gnade, wenn sie vor einem der Tische tanzte, Gnade, wenn sie jemand unter den Gästen aufforderte, Gnade, wenn sie einen der türkischen Gastarbeiter nachts unter ihre Fittiche nahm und mit ihm um die Ecke zu ihrem Auto ging, wo ihm dann Wünsche erfüllt wurden.

»Mit dem Bauchtanz kannst du viel Geld verdienen, wenn du es richtig machst«, verhieß sie mir.

»Aber die zahlen doch so miese Gagen!« entgegnete ich. »Und außerdem, manche Wirte, die sind ja ganz schön ...«

»Ja, am Anfang ist es nicht leicht!« gab sie zu. »Ich tanze seit dreizehn Jahren. Am Anfang habe ich auch viel geweint! Aber du lernst es! Hier hast du meine Telefonnummer! Aber wenn du mich anrufst«, fügte sie mit sanftem Vorwurf hinzu, als ob ich den Fehler schon begangen hätte, »bitte nicht den Kindern sagen, wo ich nachts bin.« Der Wirt brachte eine Runde Gratiscognac und sah sie fragend an. Leila nickte ihm zu und sagte: »Ja, sie kann hier tanzen ...«

Ich hatte nicht vor, diese ehrenvolle Gelegenheit in Anspruch zu nehmen, sagte aber, daß ich mich freuen würde, sie tanzen zu sehen. »Ach, ich trete jetzt noch nicht auf«, sagte sie mit der Gelassenheit langjähriger Erfahrung. »Erst nach Mitternacht, dann sind sie alle betrunken und wissen nicht mehr, wieviel Trinkgeld sie geben!«

Der Gast muß zahlen

So sind diese Restaurants nicht nur ein Ort zähen Ringens zwischen den einzelnen konkurrierenden Tänzerinnen, sondern auch zwischen Tänzerinnen und Publikum: Wer ist schlauer, wem gelingt es, die paar Mark zu behalten oder zu kriegen? Der Gast bewundert, verachtet, haßt, liebt die Tänzerin ... und muß zahlen. Sie klirrt und wabert auf ihn zu, er will das sauer Verdiente behalten, sie wirft ihm den grellen Glanz ihrer liebreizenden Maske ins Gesicht, überschwemmt ihn mit Libido ... und vor diesem Reichtum kann er sich nicht die Blöße der Armut geben. Er zahlt, sie tanzt mit koketten Hüftschwüngen von dannen. Er hat das Nachsehen. Er sieht ihr nach und weiß, er ist seinem Ziel nicht näher gekommen, versinkt in der Musik, im Raki ...

Und umgekehrt wird die Tänzerin oftmals auch zum Mülleimer für sexuelle und soziale Frustration. Herrschaftsverhältnisse werden weitergegeben. Warum soll der ausländische Arbeiter, der seine Arbeitskraft an das deutsche Kapital verkauft und dabei ausgebeutet wird, obendrein noch einer deutschen Tänzerin, die ihre Bewegungen aus seiner Kultur geborgt, geraubt oder gekauft hat, ein saftiges Trinkgeld in den Gürtel stecken?

Die Diskriminierung, die ausländische Arbeiter im Westen erleben, geben sie oft an die Tänzerin weiter: Sie taxieren sie von Kopf bis Fuß und wenden sich mit hochgezogenen Brauen ostentativ von ihr ab, ignorieren sie, während sie auf der Tanzfläche steht. Es ist auch schon vorgekommen, daß der Trommler mitten im Stück aufhörte und sie lachend aufforderte: »So, jetzt tanze!«

Eine deutsche Restauranttänzerin, die tagsüber eine gutverdienende Chefsekretärin war, verriet mir ihr Erfolgsrezept. »Bevor ich mit Kostüm und Schleier auf die Tanzfläche gehe, mache ich kurz die Augen zu und sage mir: So, ihr könnt mich jetzt alle mal, ihr Kameltreiber und Kümmeltürken!«

Ich war sprachlos vor Entsetzen über soviel Ignoranz und Grobheit. Was war das für eine zynische Einstellung zum Tanz, welch eine Verachtung des Publikums!

Aber umgekehrt ist es genauso. Eine syrische Tänzerin bekam es auf einer größeren Bühne zu spüren: In der ersten Reihe saßen türkische Männer, die sich grinsend über ihre Figur und darüber unterhielten, wie leicht sie wohl zu haben wäre, und wie es sich wohl anfühlen würde, sie zu ficken, während sie im kostbaren goldenen Kostüm eine feierliche Choreografie jenseits von Diskoaufriß und Sexverkauf präsentierte.

Da sie Türkisch verstand, wurde jedes Wort zu einer Pfeilspitze, die sie verwundete. Dazu kam, daß der Conférencier in ihrem Auftrag gebeten hatte, nicht zu fotografieren. Den deutschen Videovoyeuren war das einerlei. Sie ignorierten ihren Wunsch und bannten sie aufs Zelluloid.

Sexismus ist international: Eine türkische Studentin, die offen genug war, im Tanz ihre Gefühle zu zeigen, klagte: »Es ist schrecklich. Sie ficken dich mit Worten, sie ziehen dich aus, sie vergewaltigen dich öffentlich. Am liebsten hätte ich mich in meinen Schleier gehüllt und wäre von der Bühne verschwunden.«

Das war also der Bauchtanz, in dem ich eine Befreiung des Körpers, eine Heilung der Seele vermutet und erhofft hatte. War diese bizarre Szenerie nicht eher das Spiegelbild oder Zerrbild einer kranken Gesellschaft, in der das Weibliche und das Männliche neurotisch voneinander getrennt sind? Wo die alltäglichen Sexismen der orientalischen und europäischen Gesellschaft sich ins Extrem aufblähen? Waren diese Erlebnisse nicht gerade als Spiegelbilder überaus kostbar? Hätte ich diesen Spiegel zerschlagen sollen, mich enttäuscht vom Bauchtanz abwenden sollen, wie manche Freunde mir rieten?

Harte Politik und weiche Kurven

»Weißt du nicht, daß Bauchtänzerinnen dumm sind?« fragte mich ein persischer Student. »Im Orient ist das eine mafiaähnliche Szene. Ungebildete Frauen, gefallene Mädchen, die von ihrer Familie verfolgt werden, die man irgendwann tot im Straßengraben findet ... Die Wirte zwingen die Mädchen zur Prostitution, sie kaufen ihnen ein oder zwei Auftrittskleider, lassen sie umsonst im Restaurant wohnen. Das müssen sie dann abtanzen, und wenn sie dann einem der Gäste gefallen ... dann geht's nach hinten, sie müssen mit ihm schlafen, und der Wirt kriegt das Geld!«

»Also mich hat die Bauchtanzszene nie interessiert«, sagte mir ein irakischer Marxist. »Oberflächlich! Ohne soziales Bewußtsein! Da siehst du sie, wie sie sich mit fetten Schenkeln an die neureichen Typen in den Nobelhotels ranmachen, da wird gesoffen und gefressen. Das ist gegen das Volk!«

Und eine deutsche Marxistin gab zu bedenken: »Das ist doch der Tanz der Unterdrückten, der Haremssklavinnen, die mit ihrem Tanz den Sultan für sich gewinnen wollen. Die orientalischen Frauen sind unterdrückt. Wie kann man diesen Bauchtanz als lustvolle Befreiung anpreisen? Das ist ja zynisch!«

Als ich einmal eingeladen wurde, bei einer palästinensischen Folkloregruppe mitzutanzen, und unseligerweise verriet, daß ich auch Bauchtanz lernte, war ich unten durch!

Diese Folkloretänze, die sogenannten Dabkat (Einzahl »dabkah«), waren härter und erinnerten an griechische, kurdische, assyrische oder armenische Reihentänze, in denen der Körper bis auf Knie und Füße fast unbeweglich bleibt. Die schnellen kleinen Seit- und Vorwärtsschritte, mit denen sich die ganze Gruppe in die verschiedenen Richtungen bewegt, und ein plötzlich wiederkehrendes Stampfen mit dem ganzen Fuß, unter dem der Tanzboden erdröhnt, verleihen diesen Tänzen eine stürmische Kraft, die an eine galoppierende Pferdeherde in der zentralasiatischen Steppe erinnert.

Da es im Verlauf von Jahrhunderten und Jahrtausenden immer wieder kriegerische Invasionen und Einwanderungswellen aus diesen Gegenden in die Regionen der fruchtbaren, kultivierten Länder des Vorderen Orients gegeben hat, deren Ausläufer bis nach Ägypten reichten, kann man mit einiger Sicherheit annehmen, daß auch die palästinensischen Dabkat aus diesen nördlichen Quellen stammen. Diese Volkstänze unterscheiden sich deutlich von den weichen, geschmeidigen Bewegungen der Bauchtanzkunst.

Jedesmal, wenn ich einen falschen Schritt machte, wurde ich angeherrscht: »Das ist nicht Bauchtanz!« Zum Glück habe ich seither viel Herzlichkeit und Einverständnis mit Palästinenserinnen und Palästinensern erlebt, so daß sich der Schock in Grenzen hielt.

Aber Bauchtanz war für diese palästinensische Studentengruppe der Inbegriff kolonialistischer Korruptheit, war unpolitisches Amüsement für unpolitische Ignoranten oder sogar Kollaboration mit dem imperialistischen Feind: insoweit orientalische Tänzerinnen in orientalischen Nachtclubs für reiche Europäer oder Amerikaner tanzten. Dietlinde Karkutli, die mit einem palästinensischen Maler verheiratet war, erklärt in ihrem Buch »Bauchtanz« die Nähe des Bauchtanzes zur Prostitution durch den unheilvollen Einfluß der Kolonialmächte, der im 19. Jahrhundert das soziale Gefüge der islamischen Mittelmeerregionen erschütterte. Mit anderen Worten: Vorher war der Bauchtanz »sauber« – daß er zur Prostitution verkam, lag an äußeren Einflüssen.

Aber was heißt eigentlich Prostitution? Wer hat dieses Wort erfunden? Hängt Prostitution nicht mit der ungleichen Verteilung des Besitzes zwischen Männern und Frauen zusammen? Ist nicht auch eine Ehe manchmal Prostitution? Und ist nicht auch der Verkauf von Arbeitskraft für entfremdete Zwecke eine Art Prostitution – auch von Männern? Wer prostituiert sich also nicht? Warum also diese Verachtung gegenüber der erotischen Form der Prostitution? Ist das nicht im Grunde eine Verachtung der Erotik?

Ich verspürte in diesem Tanz archaische Reste von weiblicher Macht und Schönheit, die weit in die Vergangenheit zurückreichen mußten. Ich ahnte, daß ich am verschütteten Eingang eines Tempels stand, in dem die Erinnerung an die wechselnden Schicksale weiblicher Macht, Schönheit und Erotik im Laufe von Jahrtausenden begraben lag.

Warum sind die Gegner des Bauchtanzes so unerbittlich, warum die Tabuisierung? Ist Tabuisierung nicht eine Form von Angst und Abwehr? Wer hat vor wem Angst? Und weshalb? Ist es nicht gerade der Unterdrücker, der vor dem Unterdrückten Angst hat? Wie bequem ist es doch, als Mann die Prostitution zu verurteilen, vor allem, wenn man selbst ein anerkannter Kämpfer gegen soziale Ungerechtigkeit ist. Im Zweifelsfall jedenfalls wollte ich mich lieber mit den Huren solidarisieren als mit denen, die sie stigmatisierten, denn Freiheitskämpfer, die selbst unterdrücken und tabuisieren, sind nicht glaubwürdig! – »Ich selbst bin nicht religiös«, sagte mir ein türkischer Freund, »aber ich bewundere Ahmed. Statt zu einer Prostitutierten zu gehen, spart er das Geld und spendet es den Armen!« – Reizend! Welch ein Edelmann! Wie gut und mildtätig er doch war und wie verdorben und schlecht die Frau, die ihren Körper verkaufte.

Und Bauchtanz ist eben nicht respektabel:

Als ich einmal ein Zimmer an einen Ägypter vermietete, fanden seine Freunde es merkwürdig, daß ich allein lebte, und fragten mich immer wieder, welchen von ihnen ich nun wählen würde. Aber ich müßte natürlich vorher zum Islam übertreten, und außerdem, den Bauchtanz, den sollte ich doch bloß nicht professionell ausüben – privat, zum Spaß, als Hobby, ja, aber nicht professionell! »Das ist nicht gut!« – »Warum?« – »Nein, nein, ist nicht gut! Wenn du Bauchtänzerin bist, kriegst du keinen Mann!«

Eine wunderbare palästinensische Tänzerin wurde von ihrer Familie sogar mit dem Tod bedroht, falls sie weitermachen würde. Ihr Bruder verteidigte sie: »Wenn sie das will, dann soll sie es tun! Was ist dabei?«

Sie blieb am Leben – und tanzte elegant, hinreißend und verdiente in Diplomatenkreisen viel Geld.

Die Tänzerin

Und das ist die andere Seite: Tänzerinnen bringen Schwung und Heiterkeit in Beschneidungs- und Hochzeitsfeste, werden von Frauen und Männern gleichermaßen angehimmelt, in den Ovationen, im Applaus schwingt ein Element religiöser Verehrung mit, man »opfert« ihr Geld, belohnt ihre wirbelnde Energie mit Reichtum, bittet sie, auf Tische zu steigen – »Bitte hier auf unseren Tisch!« – auch Frauen bitten sie darum, um ihr von unten her zuzuklatschen und ihr Geld in den Gürtel zu stecken und sich mit ihr verbunden zu fühlen.

Die Musik heizt die Stimmung an, in einem Wirbel von Perlen, Seide, Haut, Schweiß und fliegenden Haaren verschmelzen die Emotionen im ganzen Saal, entfalten sich der

Reichtum und die Begeisterung dieses Augenblicks, den man nicht vergißt.

Ein kleiner zwölfjähriger Junge stand inmitten der tanzenden Menge auf einem Stuhl. Es war sein Fest, sein Beschneidungsfest. Er hatte Socken und ein Hemdchen an, und Verwandte und Bekannte flochten ihm einen Kranz aus Geldscheinen, die sie mit Nadeln aneinandersteckten. Der Schmerz war vielleicht schon verklungen, aber er war noch immer ein wenig benommen, als er sich im Rhythmus der Musik mitwiegte, während Mutter, Tanten, Brüder, Schwestern, Bekannte ... und die Bauchtänzerin im Tanz um ihn wogten. So etwas vergißt man nicht, auch nicht als Erwachsener.

Arabisches Monopol ... westliche Imitation?

Glanz, Applaus, Ovationen, Bewunderung ... eine halbe Stunde lang Diva, Königin, Priesterin, Ziel und Mittelpunkt aller Wünsche sein und obendrein noch mit Geldscheinen bekleidet werden – wer möchte das nicht?

Aber für europäische Frauen ist der Zugang zum öffentlichen Tanz viel leichter. Orientalische Frauen haben mit den religiösen und traditionellen Schranken ihrer Gesellschaft zu kämpfen und müssen oftmals ohnmächtig zusehen, wie Europäerinnen oder Amerikanerinnen Geld und Ansehen gewinnen ... mit einer Kunst, die eigentlich die ihre ist und von westlichen Tänzerinnen oftmals nur oberflächlich nachgeahmt wird. Immer wieder hörte ich: »Europäerinnen können nicht tanzen, sind zu steif, haben kein Musikgefühl, erkennen den Rhythmus nicht, verstehen die Texte nicht, lachen, wenn die Musik traurig ist usw.« Araber schwiegen manchmal eisig, wenn eine Deutsche tanzte, und klatschten demonstrativ, wenn danach eine Araberin auftrat. Ein syrischer Bauchtanzlehrer verbot seinen Schülerinnen bestimmte Bewegungen, die seien nur für Araberinnen reserviert.

Zusammen mit dem Tanz flößte er seinen Schülerinnen Minderwertigkeitsgefühle und Schuldkomplexe ein. Er beschuldigte sie unterschwellig des kolonialistischen Raubes an seiner Kultur und sprach auch europäischen Lehrerinnen jegliche Unterrichtsbefugnis ab. Er mischte sich unter die bauchtanzenden europäischen Frauen und setzte sich als männliche Autorität über sie. Die Legitimation seiner Herrschaft: Er war Orientale!

Im Jahre 1985 fand in Abu Dhabi ein internationaler Bauchtänzerinnenkongreß statt. Die anwesenden Araberinnen warfen den Amerikanerinnen vor, daß durch das von ihnen verursachte Überangebot an Tanzauftritten die Preise gesunken seien. Bauchtanz oder der »Orientalische Tanz«, wie er im Arabischen heißt, sei damit von einer kultivierten Kostbarkeit zu einem billigen Konsumartikel geworden. Auch hätten die Amerikanerinnen immer mehr Haut gezeigt, was den Tanz ebenfalls in die Richtung des sexuellen Amüsements gedrängt hätte. Die Amerikanerinnen konterten lässig: Daß die Preise gefallen seien, liege nicht an ihnen, sondern am allgemeinen Preisverfall, der allgemeinen Rezession in der Golfregion!!! (Als hätten sie damit nichts zu tun!)

Nun finden manche Männer dieser Region, die durch Ölverkauf reich geworden sind, durchaus Gefallen an molligen blonden Schönheiten, Weib ist Weib, und den Tanz hatten diese Amerikanerinnen auch begierig adaptiert, so daß sie nun mit Snake Arms, Belly Rolls, Hip Lifts und Shoulder Shimmies den arabischen Ölscheichs ein halbwegs vertrautes Bild boten. Das Öl, das aus den Tankern der Ölgesellschaften rinnt und die Meere verschmutzt, ist dasselbe Öl, aus dem die Plastikpailletten der Bauchtanzkostüme gefertigt sind. Wie viele von den amerikanischen Tänzerinnen, die den arabischen Scheichs eine Plastikimitation des orientalischen Tanzes bieten, machen sich Gedanken über die Herrschaft der industrialisierten Länder über die »Rohstoffländer«? Haben sie nicht die Kunst des orientalischen Tanzes in derselben Weise als Rohstoff an sich gerissen, wie die industrialisierten Länder Öl und Bodenschätze an sich reißen? Umgekehrt ist es auch für arabische Frauen bequem, die westlichen Frauen zu verdammen.

»Huren, ja Huren sind sie!« klingt es mir noch im Ohr. Gemeint sind jene deutschen Frauen, die sich nackt an Anatoliens Stränden sonnen. Andere zu verdammen ist leichter, als das eigene System zu hinterfragen.

Ich habe oftmals die Bitterkeit erlebt, mit der arabische Frauen, die selbst gerne tanzen würden, es aber mit Rücksicht auf Eltern und Geschwister unterlassen, die deutsche und österreichische Bauchtanzszene beobachten. Die Bauchtanzwelle rollte unaufhaltsam an, immer mehr Frauen wurden von ihr erfaßt und brachten ihr Geld den meist europäischen Kursleiterinnen. Der Bauchtanz boomte und wurde zum Bombengeschäft; Tänzerinnen, die Ballett oder Jazztanztechniken erlernt hatten, verlegten sich auf den Bauchtanz und produzierten immer professionellere Shows, in denen sie zu orientalischen Schönheiten mit orientalischen Namen und einer glitzernden Flut von Kostümen wurden.

Sie beschreiben sich als »Orientfans« seit frühester Kindheit, nennen sich Wüstentöchter, schwärmen werbewirksam von ihren Auftritten vor königlichen Hoheiten und Scheichs, sie sind die Reinkarnationen von Tänzerinnen an Mogulnhöfen oder Bajaderen am Abbasidenhof von Bagdad, sie verwandeln sich in nordafrikanische Bauersfrauen mit dem Wasserkrug auf dem Kopf, legen Kleider von Fellachenfrauen an, schmücken sich mit den Edelsteinen aus Tausendundeiner Nacht, tauchen in die Märchenwelt vergangener Dynastien ein – wo Dörfer für einen Smaragd verkauft, ehebrecherische Frauen gesteinigt und Rebellen geköpft wurden. Das wird natürlich geflissentlich übersehen. Das könnte den Traum und den Konsumrausch stören. Die ganze Phantasiewelt des Orients ist ihnen zu eigen ... Orient ist das Exotische, das Fremde, und das Exotische ist verkäuflich. Sie sind die Händlerinnen ...

Der falsche Schein

Als ich zum erstenmal eine Show dieser Art sah, war ich beeindruckt von der ausgefeilten Tanztechnik, der variationsreichen Zusammenstellung der verschiedenen Choreografien und Nummern und dem dramatischen Aufbau der Vorführung. Ich klatschte heftig. Und dennoch … was war der Sinn?

Was war daran echt?

Welche Erlebnisse hatten die Tänzerin zu dieser Vorstellung bewegt? Welches Verhältnis hatte sie zu orientalischen Frauen?

Welchen Orient stellte sie dar, einen vergangenen oder gegenwärtigen, welche Macht und Pracht stellte sie dar?

War es das kraftvolle Lebensgefühl vorislamischer, heidnischer Araberinnen, die noch keinen Schleier trugen, die Stämme anführten, Kriegsgeschrei ausstießen, Göttinnen verehrten und in Vielmännerei lebten? Nein, dazu war die Show zu »schön«.

War es die Erotik von Tanzsklavinnen an mittelalterlichen Kalifenhöfen mit all ihrem feudalen Perlenschmuck? Das paßte im Stil, aber was hat die versklavte Erotik eines patriarchalen Systems mit weiblicher Kraft zu tun? Sollten wir *das* jetzt anstreben?!!

Oder war es vielleicht ganz einfach ihre eigene weibliche Ausstrahlung, ihre Technik, ihre Bühnenpersönlichkeit, die sie da zur Geltung brachte? Aber warum wählte sie sich dafür dieses orientalisch anmutende Gewand?

Formal paßte alles, Musik, Kostüm, Choreografie, inhaltlich paßte nichts. Es war nichts Echtes an dieser Show, sie war die Imitation einer Illusion … europäischer Orientkitsch, eine Lüge.

Ich wußte, daß diese Art von Darbietung nicht mein Ziel sein konnte. Ich träumte, daß ich mein Bauchtanzkostüm irgendwo des Nachts auf einem Feld verlor, dann wieder träumte ich von einem geräumigen Haus, in dem Frauen Tanzfeste feierten. Ich arbeitete weiter an meinen Choreografien, übte Schleier- und Zimbeltechniken und begann die verschiedenen Bewegungsformen der Tanzes systematisch zu »kartografieren«.

Ich tanzte auf privaten Festen und Veranstaltungen, um Geld zu verdienen, gewann mehr Erfahrung, mehr Sicherheit, und eines Tages sagte meine syrische Lehrerin: »Du solltest anfangen, Kurse zu geben ...«

Ich war erschrocken. Immer wieder hatte ich von Arabern gehört: »Deutsche können nicht tanzen, haben kein Musikgefühl, sind viel zu steif, verstehen die arabischen Liedtexte nicht, lachen, wenn der Text traurig ist.«

Ich hatte miterlebt, welche Bitterkeit orientalische Frauen beim Ausverkauf ihres Kulturgutes empfanden; ich hatte ihre Gefühle respektiert, war prinzipiell zurückgetreten, wenn sich neben mir eine Orientalin um einen bestimmten Auftritt bemühte. Aus eigenen Stücken hätte ich niemals den Entschluß gefaßt, Kurse zu geben. Und nun hatte ich gewissermaßen eine offizielle Erlaubnis. Es war ein Geschenk.

Wunderbare Wirklichkeit: Lehren und Lernen

Ich bewarb mich also bei verschiedenen Volkshochschulen. Als mich eine Organisatorin fragte, was mir bei der Vermittlung des Bauchtanzes am wichtigsten sei, antwortete ich, ohne nachzudenken: die Schlange! Ich meinte die wellenförmigen Bewegungen, die bei diesem Tanz durch den ganzen Körper fluten ...

Sie schaute mich einigermaßen konsterniert an. Ich wußte selbst noch nicht, wie intensiv ich mich später mit der Schlangensymbolik und ihrer Bedeutung für die matriarchalen Kulturen beschäftigen würde. Die Schlange kennt die labyrinthisch gewundenen Wege, die zu den Schätzen der Vergangenheit führen.

Schließlich wurde ich für einen Wochenendkurs engagiert.

Ich hatte mir mein Programm sorgfältig zurechtgelegt und erlebte zusammen mit meinen Schülerinnen ein berauschendes Wochenende. Hier war es wieder, dieses weibliche Kraftfeld mit all seinen Strudeln und Wirbeln, zu dem jede einzelne Frau beitrug, in dem sie alle ihre Blockaden, Verspannungen, Ängste, Hemmungen ablegen, wegfließen lassen konnte. Ich war glücklich, ich konnte etwas weitergeben.

Im Laufe der Zeit habe ich dann immer mehr Kurse abgehalten. Es kamen Frauen aus allen Schichten der Gesellschaft, aus den verschiedensten Berufen zu mir: Sekretärinnen, die sich mal was Gutes tun wollten, Akademikerinnen, die sich von ihrem Profilierungszwang erholen wollten, Hausfrauen, die mal was ganz Verrücktes machen wollten, ein Mannequin, das sich so schrecklich eckig vorkam, eine Rocksängerin, die mit umwerfender Selbstironie die komischen Seiten am Bauchtanz hervorkehrte, Studentinnen, die sich mit feministischen Modellen oder auch mit Selbstverteidigung beschäftigten und die »Frauenbewegung« ganz praktisch am eigenen Leib erleben wollten, Verkäuferinnen, die mit den neuerlernten Hüftschwüngen ihre Ehemänner bezirzen wollten, Esoterikerinnen, die das Feinstoffliche auch im Erotischen suchten, perfekt geschminkte Damen der besseren Gesellschaft im Nerzmantel, die sich schneller entkrampften, als ihnen geheuer war, Schwangere, die später von einer nahezu schmerzfreien Geburt berichteten, Frauen, die mit orientalischen Männern verheiratet waren, sich für den Orient interessierten oder mit Begeisterung von einer Reise aus Marokko, Ägypten oder der Türkei zurückgekommen waren, wo sie orientalischen Tanz gesehen hatten. Frauen, die einander sonst nie begegnet wären, trafen einander und verschmolzen miteinander in einem Kraftfeld gemeinsamer Weiblichkeit. Viele von ihnen waren, ohne es zu wissen, tief in die Sachzwänge und Ideologien der männlich dominierten Wirtschaftswelt verstrickt, andere waren sensibel, bewußt und kritisch. Manche wurden mir zu Freundinnen, von anderen trennte ich mich schnell und gern.

Ich war glücklich und dankbar, daß ich die Gesellschaft all dieser Frauen erleben konnte, und daß ich ihnen umgekehrt etwas vermitteln konnte, was dieser Gesellschaft so sehr fehlt: den Archetypus des Weiblichen, das Kreisen um die eigene Mitte, das unhinterfragte Sein und Frausein.

Und in dem Maße, wie ich lehrte, lernte ich auch selbst. Durch die Fragen, die mir gestellt wurden, lernte ich Bewegungen besser verstehen und erklären.

»Geht das ekstatische Zittern, der Hüftshimmy, vom Knie oder vom unteren Teil des Rückgrats aus, welche Übungen sind geeignet, um Verspannungen im Schultergürtel zu lösen, welche Muskelpartie löst den Hüftschwung aus?«

Ich erfand Bilder, um das Erlernen einzelner Bewegungen zu erleichtern: Stell dir vor, daß ein Erddrache sich in deinen Hüften bewegt und vorwärtswindet, heb die Füße kaum vom Boden, liebkose die Erde mit deinem Schritt ... Oder stell dir vor, daß du mit deinen Beckenknochen ausholst, als wolltest du ernten, als wolltest du mit der Sichel das Getreide hereinholen ... oder: die Berührung des Fußes mit der Erde gibt dir Kraft, die Kraft, deine Hüfte zur Seite schnellen zu lassen; schau, wie die Energie weiterwandert, auch wenn der eigentliche Hüftschwung schon erschöpft ist ...

Meine Kenntnisse in Shiatsu und chinesischer Medizin halfen mir, Muskelverspannungen bzw. Energieblockaden bei meinen Schülerinnen mit einem Blick wahrzunehmen und durch bestimmte Bewegungen aufzulösen. Ich war fasziniert von der inneren Logik dieser Bewegungsformen und erkannte, daß sie wie Yoga, Tai-Chi oder Qigong eine heilende und harmonisierende Wirkung auf die Akupunkturmeridiane, die damit verbundenen Organsysteme und die ihnen zugeordneten Emotionen hatten. Das Rückgrat wird gelokkert und die Wirbel gleichen sich aus, finden nach und nach ihre richtige Position – ohne daß ein Chiropraktiker oder Akupunkteur einschreiten muß. Und am Rückgrat entlang liegen nacheinander die Reflexzonen von Organen wie Lunge, Herz, Herzbeschützer, Magen, Leber, Dreifacher Erwärmer, Gallenblase, Milz, Nieren, Dünndarm und Blase. Fast unmerklich harmonisiert sich der ganze Körper und damit auch die Psyche. Immer wieder finden wir unbekannte tote Flecken auf der Landkarte unseres Psychoorganismus: rund um den Beinansatz, in den Kniekehlen, am Steißbein, im Bauch, zwischen den Schulterblättern, unter der Schädelbasis, und je mehr das Körperbewußtsein steigt, desto freier fühlen wir uns.

»Warum besteht dieser Tanz eigentlich aus all diesen Isolationen«, fragt eine Schülerin.

Was soll man auf so eine Frage antworten?

»Warum nicht?« fällt mir ein. »Vielleicht ist das eigentlich das Normale, im Gegensatz zu unseren europäischen Tänzen. Vielleicht spiegelt sich darin eine freie, anarchische Stammesgesellschaft, vielleicht entspricht der Polyzentrik im Tanz auch eine Polyzentrik im Leben ... Jedenfalls schult die Koordination von vielen verschiedenen isolierten Bewegungen das Nervensystem, die Bewegungsintelligenz ...«

Gemeinsam tasten wir uns voran. Schülerinnen berichten von verbesserten Wirbelsäulenbefunden, chronische Kopfschmerzen, Kreuzschmerzen, Menstruationsbeschwerden verschwinden, die Verdauung verbessert sich, die Bewegungen werden runder, die Haltung aufrecht, Orangenhaut bildet sich zurück ... ich erkenne, daß ich einen Schatz entdeckt habe, und beginne nun selbst meditative Energie- und Imaginationsübungen zu entwickeln; ich erkenne mehr und mehr den inneren Sinn, der jeder einzelnen Bewegung innewohnt, ich ahne, daß in diesem Tanz ein Königsweg weiblicher Spiritualität schlummert, der früheren Kulturen durchaus noch bekannt war, ich bin voller Jubel: endlich eine meditative Bewegungsform, die Erotik und Weiblichkeit nicht ausschließt, sondern mit ihr arbeitet: mit all diesen züngelnden Energieschlangen, die im Körper und in den Armen pulsieren ... endlich zu Hause, endlich Wurzeln schlagen!

Scheinheiligkeit und Diskriminierung

Aber ich erwachte jäh aus meinem Traum: »Wo warst du gestern?« herrschte Hassan mich an. Ich erwiderte ein wenig unsicher: »Ich hatte einen Auftritt!« – »Was, du tanzt, während der Meister hier ein Thikr leitet? Das Restaurant macht die Seele kaputt. Du brauchst Musiktherapie!«

Er sprach eindringlich, er wollte mein Seelenheil retten. *Er* wußte *meinen* Weg, er stand haushoch über mir. Ich war für ihn eine verblendete kleine Tänzerin. Er dagegen war ein heiliger Mann, der seinem spirituellen neoislamischen Guru folgte. Obwohl ich schon längst nicht mehr in Restaurants tanzte, brachte er mich zur Weißglut: »Daß das Restaurant die Seele kaputt macht, das weiß ich nur zu gut! Aber stell dir vor, mir ist es egal, ob ich es mit einem Zuhälter oder mit einem Scheinheiligen zu tun habe!« So brach es aus mir heraus. Welches Recht hatte er, meinen Weg zu diskriminieren? Er hatte keine Ahnung von meinen Empfindungen, meiner Sehnsucht, meinem Weg.

Er war ein Musiker, der sich einer Gruppe von Neosufis angeschlossen hatte, die mit islamischer Musik arbeiteten. Einer von ihnen, ein Deutscher, war empört, als er hörte, daß die Musikkassetten seines Meisters von einer Bauchtanzlehrerin in den Kursen verwendet wurden: »Das ist heilige Musik, sie ist mit Bauchtanz unvereinbar!«

Er behauptete steif und fest, daß bestimmte Maqame (Melodielinien in der orientalischen Musik) nur für Derwische reserviert seien. Sie erzeugten eine weihevolle, feierliche Stimmung und dürften nicht für weltliche Zwecke verwendet werden – Maqam Hidschas zum Beispiel.

Das ist natürlich haarsträubender Unsinn, denn diese Maqame existierten lange vor dem Islam, und außerdem gibt es genügend weltliche Musikstücke, die das Gegenteil beweisen. Aber er ließ sich von seinen Ansichten nicht abbringen, folgte blindlings seinem Meister, vollzog wie befohlen die Opferung eines Hammels – was für ihn zum tiefen »spirituellen Erlebnis« wurde – bis es ihm schließlich selbst an die Vorhaut ging: Als der Meister von ihm verlangte, die Beschneidung vornehmen zu lassen, war der Ofen aus. Er ging seiner Wege und wollte so schnell nichts mehr von Meistern aus dem Morgenland wissen.

Ich bin immer wieder erstaunt über die Feindseligkeit, mit der religiös gebundene Leute auf Bauchtanz reagieren. Einmal tanzte ich einen kurzen Kerzentanz für einen Ägypter, der mich engagieren wollte. Ich balancierte die Kerze in einer Metallschale auf dem Kopf. Aber ich hatte die Schale nicht genau genug angesehen, um die Ornamente am oberen Rand als koranische Schriftzüge zu erkennen. Der Ägypter wies mich scharf zurecht: »Das ist heilig und mit Bauchtanz unvereinbar!« Aber schenkte er in seinem Nobelrestaurant nicht auch Wein aus? Und ließ Bauchtänzerinnen auftreten, um seinen Umsatz zu steigern!

Wenn ich meine syrische Lehrerin besuchte, klärte sie mich zuerst über die Vorzüge des Islam in der modernen Welt auf, erläuterte seine Elemente, also beispielsweise die fünf Säulen des Glaubens, dann schenkte sie Tee ein und servierte Gebäck, und schließlich gingen wir zum Bauchtanzunterricht über.

Eines Tages sagte sie mir: »Wenn du irgendetwas beginnst, irgendeine Arbeit, eine Reise, Essen, was auch immer, mußt du immer vorher sagen: Bism allah ar-rahman wa ar-rahim. Das ist ein Segen, das bringt Glück!«

Als wir die Kostüme anlegten, fiel es mir ein: »Oh, jetzt hab ich's vergessen: bism allah ar-rahman ...« – »Pschscht«, unterbrach sie mich entsetzt. »Das darfst du nicht sagen. Das ist Religion, das paßt nicht zum Tanz!« Das war ein Schock! Warum soll Tanz unheilig sein? Warum sollte Gott den Tanz nicht lieben? Welch eine schreckliche Diskriminierung aller Tänzerinnen sie da vollzog!

Und dabei bewunderte ich sie so sehr! »Du hast getanzt wie eine Göttin«, schwärmte ich nach einem ihrer Auftritte, und ich schenkte ihr eine Postkarte mit einer altorientalischen Göttinnenfigur aus Ton, die ich sehr liebte. Den Blick, den sie mir in diesem Augenblick zuwarf, werde ich nicht vergessen: Haß, Abscheu, Verständnislosigkeit!

Meine Ahnungen wurden dichter: Gerade die Diskriminierung und Tabuisierung, die ich von diesen Personen erlebte, machten mich aufmerksam: Sie verhielten sich so auffällig, sie lehnten Bauchtanz ab, und sie lehnten die Zeugnisse antiker weiblicher Religionen ab. Was lag näher als der Schluß, daß Bauchtanz ein Element dieser weiblichen Religionen gewesen sein mußte? Das hieß – und auch das ahnte ich zunächst nur – gerade das Erotische, gerade die weibliche Erotik war heilig ... Ich mußte mehr wissen, mehr erfahren, mehr lesen über diese alten Kulte, das war eine heiße Spur.

Der echte Schoß, damals und jetzt

Ich begann mich innerlich dagegen zu wehren, daß zwischen einem derben, obszönen, »nackten« und einem klassischen, dezenten, ästhetischen Bauchtanz unterschieden wurde.

»Also diese türkischen Bauchtänzerinnen, wie die sich darbieten! Kein Wunder, daß der Bauchtanz in Verruf gekommen ist. Die haben ja fast gar nichts mehr an!« empörte sich eine holländische Tänzerin sittenstreng. Und ein syrischer Bauchtanzlehrer, dem ebenfalls sehr an der »Sauberkeit« dieses Tanzes gelegen war, sah in einem Bauchtanzlokal eine junge türkische Tänzerin, die seiner Meinung nach »ordinär« tanzte. »Nimm deinen Schleier,« befahl er seiner deutschen Begleiterin, »und zeig ihr, was du bei mir gelernt hast.« Sie gehorchte willig, und er begann mit ihr zu tanzen ... ästhetisch, elegant.

»Was ist denn das für eine Gymnastik«, fragte der Wirt spöttisch. – »Das ist Bauchtanz, wie es sich gehört!« antwortete der Tanzlehrer apodiktisch und drückte sein Mißfallen über die junge Türkin aus. Der Wirt wurde unsicher, und schließlich fiel ihm nichts besseres ein, als sie am Arm aus der Garderobe auf die Tanzfläche zu zerren und vor allen Leuten zurechtzuweisen. Sie weinte …

Als der Bauchtänzer mir stolz diese Geschichte erzählte, schämte ich mich … für ihn!

Nicht die Nacktheit ist obszön, obszön ist vielmehr eine sexistische Gesellschaft, in der Frauen gezwungen sind, ihren Körper zu verkaufen.

Obwohl ich mich in den Restaurants nicht wohl fühlte, bewunderte ich Frauen wie Semiramis und Leila. Trotz aller Streitereien und Konkurrenztouren hatten sie noch intakte Wurzeln zu ihrer archaischen Weiblichkeit. Semiramis konnte jenseits aller Nationalität weibliche Solidarität empfinden, wenn sie um bessere Gagen kämpfte oder wenn sie sich über ägyptische Männer aufregte, die deutsche Frauen nur der Aufenthaltsgenehmigung halber heirateten.

»Leg ihr ein Handtuch über den Kopf, damit du sie nicht siehst, wenn du sie fickst, Hauptsache, du hast den Stempel!« – das hatte sie selbst gehört.

Und Leila war eine mächtige Magna Mater, wenn sie einem Gastarbeiter fern von der Heimat seine mitternächtlichen Wünsche erfüllte …

Diese Frauen schlugen sich durch, wie sie konnten, und diskriminierten niemand. Sie waren nicht spirituell, und doch hatten sie in ihrer einfachen Sekt- und Raki-Erotik mehr Liebe als viele, die sich für spirituell und für große Künstlerinnen hielten.

Im ungemütlichen, schwach beleuchteten Hinterzimmer eines türkischen Bauchtanzlokals standen in Regalen Konservendosen und Getreidetüten herum, dort kleideten die Tänzerinnen und Sängerinnen sich um. – »Was soll ich machen, mein Slip ist zu hoch geschnitten, jetzt schaut er über den Gürtel raus!« Die Tänzerin, eine junge Schweizerin, biß sich nervös auf die Lippen. In einigen Minuten sollte sie auftreten. – »Was mach ich bloß?« – »Ist ja nicht so schlimm«, beruhigte ich sie. – »Nein, unmöglich, wie sieht das denn aus!« Sie nestelte und zerrte und zog sich den Slip dann über die Beine nach unten aus. Ja, das war besser. Der breite Gürtel lag fest auf der Hüfte auf, der Rock war ringsum fast geschlossen. Solange sie keinen Kopfstand machte, würde niemand das fehlende Kleidungsstück bemerken. – Fast niemand! Gerade kam eine Zigeunersängerin herein: Quellend beleibt, trug sie ein tiefes Dekolleté, dessen Rand ihr fortwährend von der Schulter rutschte, ihr ausladender Bauch drückte sich durch das Synthetikkleid … und sie kugelte sich vor Lachen. Geschwind ging sie auf das Mädchen zu, hob ihr die Rockschöße hoch, zeigte drunter und lachte schallend, als wollte sie sagen: »Na, die treibt's aber!!« Und es klang durchaus wohlwollend, fast anerkennend.

Ihre Heiterkeit erfüllte auch mich mit schelmischem Vergnügen. Diese kugelrunde Zigeunerin erinnerte mich an die Gestalt der Baubo aus der griechischen Mythologie, die die Große Göttin der Fruchtbarkeit, Demeter, von ihrer Trauer erlöst: Demeter irrt mit wirren Haaren auf der kahlen Erde umher, nichts blüht, reift, gedeiht, weil sie sich im Kummer um ihre Tochter Persephone verzehrt, die von Pluto, dem Gott der Unterwelt, geraubt worden ist. Offenbar hat Demeter keinen Zugang zur »Unterwelt«. Da kommt die lustige Bäuerin Baubo zu ihr und unterhält sie mit »obszönen« Tänzen, wackelt mit Bauch und Hüften. Und Demeter beginnt herzlich zu lachen. Baubo hat sie geheilt, denn bei ihr sind Oberwelt und Unterwelt, also Kopf und Körper, vereint.

Antike Steinfigürchen zeigen Baubo als Bauch mit Stummelfüßen. Ihr Bauch ist gleichzeitig auch ihr Gesicht. Im Arm trägt sie eine Leier. Interessanterweise gibt es in Anatolien noch heute einen Tanz, bei dem ein Gesicht auf den Bauch eines jungen Mannes gemalt wird, und wenn er dann Bauchbewegungen vollzieht, beginnt das Gesicht zu lachen, wird zornig, traurig usw.

Christa Wolf beschreibt, wie die ernste Seherin und Königstochter Kassandra, die Troja den Untergang prophezeite, aufgrund ihrer pessimistischen Reden ins Gefängnis geworfen wird. Dort wird sie von Aufseherinnen der untersten Kaste malträtiert. Der Haß der einfachen Frauen trifft sie, die zwar Krieg und Königsherrschaft kritisiert, dennoch aber zur herrschenden Schicht gehört. Erst als ein alter Mann ihr und den Aufseherinnen seine selbstgeschnitzten archaischen Göttinfiguren bringt, wird sie weicher und sinnlicher, lernt, sich mit den Frauen der Unterschicht zu identifizieren und wird von ihnen schließlich angenommen. Die Trennung ist überwunden.

Dieselbe archaische Einheit empfand ich auch mit einer türkischen Nachbarin. Sie war blaß, trug das Kopftuch und war fast noch ein Kind, ebenso wie ihr Ehemann, der mich zum Islam zu bekehren versuchte, als ich die Haustreppe putzte. Sie dagegen lud mich in ihre Wohnung ein – natürlich in seiner Abwesenheit – und zeigte mir, was sie in der Schule (!!!) von ihrer Lehrerin gelernt hatte. Sie legte ihre Bluse ab, zog den Rock nach oben, so daß ihre weißen Schenkel sichtbar wurden, kam dann mit Hüftdrehungen zum Knien, und beugte sich ein wenig nach hinten, vollzog weiter eindeutige Hüft- und Bauchbewegungen … und obwohl arrivierte Bauchtänzerinnen diese Bewegungen »ordinär« gefunden hätten, empfand ich die Nacktheit dieser jungen, blassen, meist eingesperrten Frau als einen Vertrauensbeweis. In diesem verschwörerischen Zusammensein war es wie die Kunde von den letzten, verstohlenen Spuren einer alten, freien Weiblichkeit …

Oder die berühmte Cicciolina, Italiens Pornostar: Als gewählte Kandidatin des Partito Radicale wollte sie ihren Parlamentssitz einnehmen. Viele Frauen solidarisierten sich mit ihr. Sie fanden ihre Nacktheit nicht obszön. Obszön war für sie vielmehr die Doppelmoral der Staatsmänner, die den Puff gerne benutzen, aber im Parlament nichts mehr davon wissen wollen. Andreotti verkündete, daß sie ins Parlament dürfe (sie war ja gewählt worden), aber sie müsse sich anziehen. Das ganze Land lachte. Baubo hatte gesiegt ...

Solche Geschichten interessierten mich. Ich vertiefte mich in Quellen, die mir die alten Kulturen näherbrachten ... Mythen, Geschichtswerke, Ausgrabungsberichte, und ich wünschte mir einen eigenen Ort, wo ich Tanz und Vortrag zusammen präsentieren konnte, wo weibliche Sinnlichkeit und Spiritualität sich entfalten konnten. Ich fand und gestaltete diesen Raum und konnte nun in meinem neugegründeten Studio zusammen mit meinen Schülerinnen Gedanken entwickeln und ausformulieren, die den inneren Sinn der Bewegungen im Bauchtanz transparent machen.

III.

Die Erfüllung der Sehnsucht – der heilige Tanz

Göttliche Bewegung – aus nichts wird eins und alles (Impuls, Akzente, Isolation)

Erfahrung

☞ Du stehst aufrecht und entspannt, läßt deinen Geist ruhig, deinen Körper leer werden. Schau deinen Körper von innen an: leer, weit, geräumig, grenzenlos ... die Füße wurzeln im Boden, die Beine, der Torso, Hals und Kopf, die Arme sind leer und ruhig.

Plötzlich kommt ein Impuls. Du bewegst einen Körperteil. Welcher ist es? Ist es die Schulter, die du nach vorne reißt? Hebst du den Fuß? Ballst du die Finger zur Faust?

Beobachte dich.

Du entspannst dich wieder und wiederholst das Ganze. Woher kommt jetzt der Impuls? Wie schnell? Einseitig oder symmetrisch? Ist die Bewegung weich, rund oder hart, gezielt? Ist der Rumpf mit einbezogen? Oder sind es nur die Extremitäten?

Wiederhole diese Übung mehrere Male.

Beobachte dich.

☞ Und jetzt eine ganze Abfolge von Akzenten, wie sie auch im Tanz vorkommen:

Du läßt den Kopf schnell nach rechts und nach links gleiten. Rechts/links, rechts/links, rechts/links. Dann nach vorne und nach hinten. Vorne/hinten, vorne/hinten, vorne/hinten.

Dann abwechselnd die rechte Schulter nach vorn, dann die linke Schulter nach vorn. Rechts/links, rechts/links, rechts/links. Dann laß die rechte Schulter in drei Phasen, drei kleinen Akzenten nach vorne springen: tschak/tschak/tschak, entspannen, tschak/tschak/tschak, entspannen, tschak/tschak/tschak, entspannen.

Jetzt dasselbe mit der linken Schulter.

Und dann schnellt die Brust nach vorne und nach hinten: vor/zurück, vor/zurück, vor/zurück. Als nächstes schnellt die Brust dann zur Seite: rechts/links, rechts/links, rechts/links.

Jetzt hüpft der Bauch nach vorne (indem du das Zwerchfell nach unten drückst, ohne dabei zu atmen). Raus/rein, raus/rein, raus/rein. Dann kommt die Hüfte dran, abwechselnd schnellen die linke und die rechte Hüfte nach vorne: links/rechts, links/rechts, links/rechts. Oder zur Seite: links/rechts, links/rechts, links/rechts. Oder abwechselnd nach oben und nach unten (die Füße bleiben dabei ruhig auf dem Boden): auf/ab, auf/ab, auf/ab.

Wenn Hüften, Brustkorb und Hals beweglicher geworden sind, kannst du unendlich viele Variationen erschaffen: Du kannst jede Bewegung verdoppeln, verdreifachen, vervierfachen, du kannst die Akzente hervorschnellen lassen, während du dich linear, kreisend oder in Schlangenlinien bewegst. Du kannst Sterne, Zickzacklinien, Drei- oder Vierecke durch deine Hüftakzente bilden, du kannst blitzschnell abwechseln zwischen Schultern, Hüften, Bauch, Kopf, Brustkorb ... immer wieder anders.

Probier es aus, laß dir Zeit dabei, dann kannst du allmählich schneller werden.

☞ Lege Bauchtanzmusik auf und reagiere mit variierten Impulsen auf die Trommelsignale der Musik. Erfinde und improvisiere immer wieder neue Abfolgen.

Sinn

Impulse, Akzente kennen wir auch aus unserer normalen, alltäglichen Körpersprache.

Wir nicken oder schütteln mit dem Kopf, zucken die Achseln, stoßen geräuschvoll die Luft aus, um unser Mißfallen auszudrücken, wir werfen uns mit einem Ruck in die Brust, als Imponierhaltung sozusagen, wir kennen auch viele Gesten, die wir mit Händen und Armen ausführen, aber mit der Hüfte sprechen wir kaum. Eine allzu deutliche erotische Koketterie kommt im Alltag kaum vor.

Warum gibt es im orientalischen Tanz so viele Zentren der Bewegung? Während die Hüfte zittert, gehen die Beine vorwärts, zeichnen die Arme sanfte Schlangenlinien in die Luft, gleitet der Kopf sacht nach rechts und nach links .... Akzente springen, perlen, blitzen, jagen von einem Körperteil zum andern. Warum strebt nicht der ganze Körper wie im Ballett in einer Willensäußerung, in einem Schwung dem *einen* Ziel der Bewegung zu, warum ist der Körper vielfach in sich gegliedert?

Polyzentrik gibt es in vielen nichteuropäischen Tänzen, beispielsweise den balinesischen, den indischen und vielen afrikanischen Tänzen, vor allem aber in Tänzen aus Zentralafrika (den Tropenwäldern und südlichen Savannen von Zaire, der zentralafrikanischen Republik, Angola und Sambia).

»Der zentralafrikanische Tanzstil ist total polyzentrisch.

Alle Zentren und Areale des Körpers werden isoliert und energisch aktiviert. Aber das wichtigste Zentrum ist der Pelvis. In Angola gibt es auch verschiedene Namen für Hüftakzente: Kuhunga bedeutet: abwechselnd die rechte und linke Hüfte in irrsinnig schnellem Tempo diagonal nach vorne stoßen. Mutenya ist der Kreis des ganzen Pelvis. Katonda sind ruckartige Bewegungen der Hüfte, meist im Quadrat.«

Aber auch weiter im Osten Afrikas, bei den Bantuvölkern von Nordmosambik, Tansania, Uganda und Kenia ist die polyzentrische Isolation stark vertreten: »Auch hier ist die Technik total polyzentrisch. Vor allem betont werden die Schüttelbewegung der Schultern und der weiblichen Brüste, der Pelvis führt große Kreise und Stöße aus ... Hier war das ›Revier‹ der arabischen Sklavenhändler.« (Günther, Afrikanische Tanzstile, S. 31 und S. 37).

Was ist nun der Sinn dieser Aufspaltung des Körpers in verschiedene Zentren, die sich dann auch zeitlich verschieden bewegen? Was ist der Sinn eines Tanzes, in dem das raum-zeitliche Gefüge einer Tanzenden zerrissen wird? Könnte es sein, daß polyzentrische Tänze ein Ausdruck einer nicht hierarchischen, polyzentrischen Stammesgesellschaft sind?

Könnte die hierzu erforderliche Gelenkigkeit vielleicht auch durch das Klima begünstigt werden (bei warmen Temperaturen sind die Muskeln, Sehnen und Gelenke weicher und dehnbarer)? Könnte es vielleicht mit der natürlichen Umwelt, der Vegetation zusammenhängen, daß afrikanische Völker, die in offenen Wüsten- und Steppengegenden leben, Sprünge und Fußtechniken (Senegal, Mali, Guinea, Niger) oder Sprünge, Stampfen und kraftvolle akrobatische Bewegungen (Südafrika) bevorzugen? Ein Pygmäenstamm dagegen, der sich zwischen Schlingpflanzen, Buschwerk und Baumriesen bewegt und seine Hütten in einer kleinen Lichtung baut, wird sich zwangsläufig mehr auf die binnenkörperliche Isolation als auf den Außenraum konzentrieren. – Auf jeden Fall aber steigern polyzentrische Bewegungen die

Körperintelligenz und erzeugen eine multidimensionale Reaktionsfähigkeit.

Bewegung ist Leben, und tausendfache Bewegung ist blitzende, funkelnde, explodierende Lebendigkeit. Materie verwandelt sich in Energie: Wirf die Hüfte nach außen, aber nicht zu sehr; wenn du dabei in dir bleibst, wenn du wachsam bist, wirst du spüren, wie die Energie, die durch deinen Hüftwurf erzeugt wurde, aus deinem Körper unsichtbar und dennoch wirksam in den Raum außer dir weiterwandert. Die Geschwindigkeit, mit der du die Zentren wechselst, setzt deine rationalen Gedankenabläufe außer Kraft, du wirst zu einem Feuerwerk immer neuer Impulse. Wer dir zusieht, wird den Blick nicht mehr lösen können, er/sie verbindet sich mit dir in Trance, denn die Bewegung, die aus dir hervorpurzelt und sprudelt, ist immer wieder neu, immer wieder unerwartet, es ist die göttliche Überraschung. Das Viele wird zum Einen, die Einzelteile verschmelzen zum All. Und das ist der Sinn.

Heilige Schauer – Saint Electric (Schütteln, Vibrieren)

Erfahrung

☞ Der Anfang der Übung ist wieder genauso wie bei der ersten Übung: Entspannung, innere Leere. Heb nun das eine Bein vom Boden ab, laß den Fuß im Gelenk baumeln, zittern, zappeln wie einen kleinen Fisch, laß das Zittern dann hinaufgleiten am Bein, laß die Waden, die Kniekehlen beben. Die Oberschenkel lösen und lockern sich, alle versteckten, verborgenen, verdunkelten Muskelzonen am Beinansatz geraten in Bewegung. Stauungen und Verkrampfungen am Gesäß, rund um die Vagina, am Bauch und im Kreuz lösen sich. Wiederhole dasselbe mit dem anderen Bein. Dann schüttle die Arme von der Schultern her aus. Laß die Schultern zittern, vibrieren, laß die Ellenbogen, die Handgelenke bis in die einzelnen Fingerglieder beben und schlenkern. All die angestaute Energie (festhalten, abwehren) löst sich, entlädt sich, befreit sich; deine Arme werden weich und lebendig.

Laß dann den Kopf hängen und vom Nacken aus baumeln und zittern ... bis in den Kiefer und die Wangen.

Richte dich wieder auf, stehe entspannt auf beiden Beinen und versuche nun, das Zittern im Becken zu mobilisieren. Schüttle das Becken und laß das Zittern am Kreuzbein emporkriechen, laß es in dir und aus dir wie Tausende winziger Blitze explodieren. Versuche dasselbe im Oberkörper. Schüttle die Schultern aus, laß den Brustkorb vibrieren, aber isoliert, d. h. ohne die Hände zu bewegen.

☞ Die Technik der sogenannten Shimmies, des isolierten Zitterns in Hüfte oder Brustkorb, ist ein ständiges Hin und Her. Das Zittern des Beckens geht von einer blitzschnell alternierenden Auf- und Abwärtsbewegung der Knie aus. Dadurch wird abwechselnd die eine und die andere Hüfte ganz minimal gehoben. Dies geschieht immer schneller, bis sich schließlich das Zittern verselbständigt.

Das Zittern im Brustkorb entsteht aus einer blitzschnell alternierenden Vor- und Rückwärtsbewegung der Schultern: vor/zurück, vor/zurück, vor/zurück (wie wir es oben bei den Akzenten geübt haben).

Das Vibrieren gelingt manchmal von einem Augenblick zum andern, manchmal dauert es lange, es zu erlernen. Stell dir vor, du wedelst wie ein Hund mit dem Schwanz: hin/her, hin/her, hin/her mit dem Steißbein, immer schneller. Oder stell dir einen Ameisenhaufen in deinem Becken oder Brustkorb vor: kribblig, geladen, quirlig.

Wie erlernt man das Zittern am besten? Durch Zittern. Es kommt von selbst, wenn die Trommel galoppiert und Klangfunken sprüht – wenn du losläßt, wenn du verspannten Muskelzonen das Signal gibst: Entspannung – Lösung. Es kann

Monate dauern, bis das Zittern sich einstellt. Als ich Leistungsstreß und Erfolgszwang blindlings wegwarf, da kam es: ekstatisch, sprudelnd, unaufhaltsam, quirlig ... ich war wie von der Tarantel gestochen, das Vibrieren wurde zur freudigen Ekstase.

☞ Höre nun auf die Musik und laß dich von der Trommel bewegen. Blitzartig schnell sind die Hände der Trommlerin auf dem Trommelfell. Schau nach innen: Siehst du die blitzenden Zickzacklinien, die sich an deiner Wirbelsäule nach oben fortpflanzen? Gleißend blau, elektrisch, ein Generator ... Spürst du Wärme aufsteigen? Das Zittern dringt in deinen Brustkorb empor, breitet sich im Schultergürtel aus. Fühlst du Wärme aufwallen? Lachen? Schau nach innen.

Schau, wie die Energie in die leeren, armen, flachen Zonen dringt oder wie die festen, verbackenen Muskelstränge durchlässig werden, wenn das subtile Zickzack sie erschüttert. Du stehst – Raum im Raum –, und alles zittert, bebt, vibriert in dir, du bist zu einem Energiefeld geworden, in dem Myriaden winziger Entladungen aufblitzen.

Es vibriert, es zittert dich, du beginnst zu gaukeln, zu zukken, zu schütteln ... wie von der Tarantel gestochen. Du blickst nach innen: Im rasenden Wechsel der Pole yin/yang, yin/yang, yin/yang bist du zum Strom geworden, der in dir fließt, einem gleißenden, breiten, kraftvollen Strom: Energie. Oder: In der Rasanz der Zuckung, der Bewegung bist du still geworden, leer, Raum im Raum. Leg dich hin, spüre dich, Leere, Stille, Schweigen ...

☞ Im Bauchtanz beschränkt sich das Zittern auf zwei Zentren, nämlich Hüften/Gesäß/Bauch und Brustkorb/Schultern. Aber darin verbergen sich schier unendliche Variationsmöglichkeiten: Du kannst mit Becken, Oberkörper, Schultern lineare, runde oder schlangenartige Figuren zeichnen und dabei vibrieren. Du kannst dich mit dem Oberkörper nach vorne, zur Seite, nach hinten beugen … und dabei vibrieren. Du kannst dich mit gebeugten Knien zum Boden herablassen – der Oberkörper bleibt dabei aufrecht – und dabei mit der Hüfte vibrieren, du kannst knien und mit der Hüfte vibrieren, du kannst dich aus dem Knien mit dem Kopf nach hinten im Bogen herablassen, bis der Kopf den Boden berührt und in dieser Position mit dem Brustkorb vibrieren: Du kannst im Gehen (Zehenspitze oder ganze Sohle) mit der Hüfte oder den Schultern vibrieren. Im Laufe der Wochen und Monate wird dein Körper zu einer Kaskade perlender Energie.

Sinn

Natürlich kennen wir das Zittern aus unserem täglichen Leben: Zittern aus Furcht oder vor Kälte. Wenn wir »starr vor Angst« sind, beginnt der Körper durch Zittern selbst Energie zu erzeugen, das Zittern lockert die Muskeln, Energie, Wärme wird frei, du bist bereit zum Sprung, zur Flucht, zum Angriff.

Oder du zitterst vor Begierde: Kennst du das Gefühl? Du liegst neben einem Geliebten und fühlst plötzlich Lust und freudige Erregung in dir aufsteigen. Selbst im Liegen fängt dein Becken an zu hüpfen, zu tanzen, zu vibrieren.

Und wenn du mit deinem Geliebten vereint bist, nicht unter ihm, sondern auf ihm, im Hocken, im Sitzen, dringt von unten das Yang in dich ein, erfüllt deinen Körper und entlädt sich in Kaskaden von zitternder Freude.

Zwischen den Schulterblättern verlaufen die Dünndarmmeridiane, die mit dem Lachen, dem Feuer, der roten Farbe verbunden sind. Wenn also eine Tänzerin den Oberkörper vibrieren läßt, erzeugt sie Heiterkeit, Freude und sagt: Schau, ich bin jung und fruchtbar (der Dünndarmmeridian ist auch mit den Eierstöcken verbunden), das Zittern beschreibt den Weg von der Angst zur Freude. Angst vor Erotik, aber auch Angst vor Autoritäten äußert sich in Verspannungen rund um Hüfte, Gesäß, Bauch und Vagina und verwandelt sich durch das Zittern, das Loslassen in helle Lust und Freude.

Die Vibrationen gibt es im indonesischen, vereinzelt auch im indischen Tanz, allerdings eher selten. Selbst in Afrika sind sie nicht überall verbreitet. In den sudanischen Gegenden (Senegal, Mali, Niger) herrschen flinke Schrittfolgen und Sprünge vor. Das eigentliche Gebiet der Shakes und Vibrationen aber ist das Gebiet um den Äquator: Zentralafrika. Schon die Pharaonen ließen Pygmäen aus Zentralafrika als Tanzsklaven auftreten. Von den Pygmäen aber weiß man, daß ein Großteil ihrer Nahrung aus Insekten besteht. Dadurch nehmen sie das wenig bekannte Vitamin T auf, was, wie ein Wissenschaftler behauptet, zu ihrer legendären Tanzwut führt. Dieses Bewegungsprinzip ist universal: Wasservögel schütteln das Gefieder aus, wenn sie ans Ufer steigen, und Veitstänze gab es auch im mittelalterlichen Europa genug.

Aber man betrachtete sie als Krankheit oder Epidemien, als Entgleisung eines verwirrten Nervensystems. Gauchheil war die Heilpflanze für solche Zustände. Von Astrologen wird sie heute dem Uranus zugeordnet.

Die uranische Kraft ist die der blitzschnellen Bewegung zwischen den Polen, wie sie im Nervensystem, im elektrischen Strom, aber auch im Funktionssystem eines Computers zur Wirkung kommt.

Edison hatte in seinem Horoskop eine starke Betonung des Wassermannzeichens (Uranus), dasselbe gilt auch für Karl Marx (Aszendent Wassermann). Marx war wie Heraklit und Hegel der Überzeugung, daß sich die Geschichte aus »Widersprüchen« entwickelt. Von Menschen gemachte Geschichte wäre somit der Energiestrom, der sich aus den Polen der Klassengegensätze speist.

In der chinesischen Medizin wird die Bewegung des Zitterns dem Organsystem Wasser (Niere/Blase) zugeordnet, wobei mit Wasser Eis, Kälte, Winter, Erstarren aber auch Angst assoziiert werden. Und tatsächlich erzeugt das Zittern Wärme, es erzeugt Energie. Verfestigte, gewissermaßen gefrorene Energie in Form verspannter Muskeln wird aufgelöst, wird freigesetzt, kann zirkulieren.

Die Tänzerin aber wird, wenn sie die Kraft der Trommelimpulse in sich aufnimmt und in Kaskaden perlender Energie an das Publikum weitergibt, zum Medium kosmischer Polarität und Energie. Sie wird zum Strom, das Universum pulsiert in ihr. Sie ist die Vereinigung von Yin und Yang.

Und jeder Trommelschlag ist ein Impuls, der dich zum Genuß, zur Ekstase, zur Einheit mit den Kraftströmen des Universums bringt. Du vibrierst, legst die Hand an die Schläfe, scheinst atemlos, einen Augenblick lang krampfen sich deine Schultern wie im Schrecken zusammen, lösen sich wieder, von neuem erfaßt dich das Zittern ... kleine Blitze, Explosionen ... und in deinen Wendungen, deinen Explosionen, deiner Atemlosigkeit erzählst du dem Publikum von lodernder Leidenschaft, von Lotus und Rosen, von aufflammender Lust, vom besinnungslosen Wahnsinn der Liebe und der alles überflutenden Kraft der Vereinigung. Das ist der Sinn der Vibration.

Göttliche Vollkommenheit – das große Runde (Kreisbewegungen)

Erfahrung

☞ Du stehst mit den Füßen im Boden verwurzelt, siehst deinen Körper von innen – Beine, Torso, Hals, Kopf und Arme – du wirst ruhig, entspannt und nimmst dann deine Arme nach oben. Du beginnst dich leise, leicht und dann immer stärker, wie vom Wind getrieben, zu bewegen, du schwingst mit den Hüften aus und näherst dich dann in deinen Bewegungen langsam einem Ruhepunkt im Becken: Dieser Punkt wird nun immer kleiner, immer winziger, und je winziger er ist, desto stärker ist er, und er vermag ein riesiges Kraftfeld zu balancieren, das von deiner Hüfte ausgeht. Dieses Kraftfeld durchmißt den ganzen Raum, erstreckt sich über das Viertel, die ganze Stadt, und je kleiner, fester und stabiler dein Mittelpunkt ist, desto mehr kann sich dieses Kraftfeld ausdehnen. Es verliert sich in der Unendlichkeit des äußeren Raums, ebenso, wie dein Mittelpunkt in der Unendlichkeit des inneren Raumes verschwindet. Nimm nun die Arme zur Seite und bewege dich weich und schwinge im Oberkörper, in unregelmäßigen Schlaufen und sanften Impulsen. Dann werden deine Bewegungen wieder kleiner und nähern sich einem Mittelpunkt in deinem Brustraum. Dieser Punkt wird immer kleiner, immer winziger, verschwindet in der inneren Unendlichkeit, während das Kraftfeld, das er hält, sich ausdehnt, immer größer wird, bis es sich in der äußeren Unendlichkeit verliert.

Laß nun die Arme nach unten hängen, finde erneut einen Punkt, diesmal im Kopfraum, laß ihn immer kleiner, immer stärker werden, bis auch er die Ausdehnung zu halten vermag, die von deinem Kopf ausgeht.

Dann nimm die Arme wie umarmend waagrecht nach vorne, bis sich die Fingerspitzen fast berühren, und nimm von innen den Aufbau deiner drei Zentren wahr. Spürst du Unterschiede? Welches ist stärker, stabiler, intensiver?

☞ Stell dir vor, du bewegst dich in einem Weltenei, einem großen kugelförmigen Gebilde. Geh mit diesem Gefühl nach draußen, geh mit ihm spazieren, nimm es mit in die U-Bahn oder an den Schreibtisch. Wenn du tanzst, so tanze mit diesem Gefühl.

☞ Du stehst entspannt, siehst deinen Körper von innen ... leer, durchlässig ... und findest wieder diesen Ruhepunkt im Becken. Von dort ziehst du eine Spirale mit dem Becken nach rechts außen – die Kreise werden langsam immer weiter bis zum Extrem deiner Dehnfähigkeit – und dann, ohne die Richtung zu verändern, wieder nach innen. Sobald du im Inneren angekommen bist, änderst du die Drehungsrichtung nach links, führst die Spirale immer weiter nach außen und verengst sie dann wieder bis zum Ruhepunkt. Nun hast du also die Richtungsänderung im Inneren vollzogen. Je subtiler und feiner dein Mittelpunkt, um so leichter die Wendung. Das trifft auch auf das Leben zu! Je mehr du dich an äußere Dinge klammerst, um so abrupter und schwieriger sind Kursänderungen, je tiefer du mit dir selbst in Kommunikation bist, um so leichter kannst du deinen Kurs bestimmen.

☞ Im Bauchtanz gibt es eine große Variationsbreite von Kreisbewegungen: Du kannst große oder kleine waagrechte Kreise mit Hüften, Brustkorb, Oberkörper und sogar dem Kopf ziehen, aber du kannst auch mit jeweils einer Schulter oder einer Hüfte senkrechte Kreise beschreiben: Du nimmst die eine Schulter nach vorn, nach oben, nach hinten und nach unten, und dann die andere Schulter. Oder du führst die eine Hüfte nach hinten, nach oben, nach vorne, nach unten, und dann die andere Hüfte, wie ein senkrecht stehendes Wagenrad. Ein großer Kreis, den du mit dem einen Arm beschreibst, kann in einen großen Hüftkreis übergehen, der dann wiederum in abwechselnde Schulterkreise übergeht. Oder du läßt beide Arme in zwei seitlichen Halbkreisen bis über den Kopf wandern, legst die Handflächen aneinander und beginnst mit dem Brustkorb zu kreisen, um dann die Arme vor dem Körper in zwei parallelen Halbkreisen – die Handflächen zum Gesicht weisend – nach unten zu führen. Variationen gibt es unzählige.

Sinn

Runde Formen haben ihre eigene Symbolik. Sie werden mit dem Weiblichen assoziiert. Rund sind Ei, Gesäß und Hüfte, der Bauch – vor allem der schwangeren Frau – die Brüste und, im Orient sehr beliebt, auch das Gesicht einer Frau (wie der Mond in seinem schönsten Glanz).

In den letzten drei Jahrzehnten herrscht in Europa ein mädchenhaftes Schönheitsideal vor: Schlank und rank, jung und fit soll eine Frau sein. Die Rundlichen, die Gepolsterten schnüren sich ein, versuchen Pfunde wegzuhungern, tragen kaschierende Kleidung. Es wird auf das Gesundheitsrisiko verwiesen, das die Körperfülle mit sich bringen kann: Herzbeschwerden, Atemnot, Arthritis, Gallensteine usw. Ein dikker Mensch gilt in einer modernen Industriegesellschaft als nicht genügend beweglich und funktionstüchtig.

Anders im Orient: Eine schlanke oder gar dünne Bauchtänzerin sieht man mit Befremden. Das arabische Schönheitsideal ist das der rundlichen Frau. Der Shimmy, das Zittern, sähe auf quellenden Fettpolstern attraktiver aus, sagte ein Bauchtanzlehrer: »Schau, wie fett, wie reich ich bin ...« –

ungefähr in diesem Sinn.

Frauen, die nicht auf Berge oder Bäume klettern dürfen, Frauen, die nicht an Sportwettkämpfen teilnehmen, Frauen, die nicht von Terminen gejagt das Essen vergessen, die vielleicht überhaupt nur selten aus dem Haus gehen, erlangen notgedrungen größere Körperfülle. Und wenn man türkische Bäder besucht, so sieht man tatsächlich höchst ausladende weibliche Formen. Da kann man dann manchmal das Gefühl bekommen, selbst ausgezehrt und bedeutungslos zu sein.

In der chinesischen Medizin ist für Magerkeit oder Fettleibigkeit das Organpaar Milz/Magen verantwortlich, das mit dem Element Erde, der Farbe Gelb, dem Spätsommer und der Fürsorglichkeit oder Sorge assoziiert wird. Wenn der Milzmeridian energieleer, »kyo«, ist, so kann es zu folgenden Erscheinungen kommen: Der oder die Kranke ist immer unzufrieden, ißt zu viel und zu schnell, ist unfähig, den Geschmack der Speisen wahrzunehmen. Er oder sie bewegt sich nicht genügend und hat deshalb oft Kreislaufschwächen in Füßen und Bauch.

Wenn das Erdelement in einer Person zu schwach ist, kann sie dürr, hager, asketisch sein und unerfüllte Wünsche in sich tragen. Aber auch Frustessen, mangelnde Bewegung, Unzufriedenheit, die zu mächtiger Körperfülle führen, können derselben Schwäche des Erdsystems entspringen. Eine dicke Frau kann ebenso steif und verkrampft sein wie eine Schlanke, aber beide können auch sehr beweglich und elastisch sein. Es kommt auf die Person an. Auch eine schlanke Frau kann eine »runde« Ausstrahlung haben. Das Runde muß nicht in der Materie, es kann auch in der Aura, im Kraftfeld, in den Emotionen erscheinen.

»Du mußt jeden Tag drei- oder viermal Milch, Fleisch und Käse essen, dann wirst du rund, dann kannst du eine richtige Bauchtänzerin werden«, klärte mich ein Ägypter auf. Welch ein Schock, nachdem ich über zehn Jahre voller Überzeugung rein vegetarisch gelebt hatte. Tote Tiere zu essen und Tänzerin zu sein, erschien mir absurd! Auch ohne solche Freßexzesse ist die Frau archetypisch das Runde, die Höhle, der Bauch, das Ei, die quellenden Brüste ... und der Zyklus! Der Zyklus, der Kreis ist der Rhythmus. »La rhythme«, sagte ein afrikanischer Trommler immer wieder entgegen allen grammatikalischen Regeln. Zwar sind die einzelnen Schläge, die das Trommelfell treffen, und die akustischen Impulse, die das Trommelfell im Ohr treffen, eher phallischer Natur, aber andererseits ist Rhythmus die zyklische, die kreisförmige Wiederkehr des gleichen Musters. Und Frau ist Zyklus, ist Mondzyklus. Und der Mond saust auf seiner Bahn Mond für Mond, Tag für Tag, Stunde um Stunde um die Erde, zeigt uns seine verschiedenen Gesichter: die schimmernde Sichel, bleich leuchtend, rund und voll, schwindend, schwarz und unsichtbar, und das Ei wächst heran, wandert, wird voll und reif und schwindet, wird in den dunklen Tagen ausgestoßen. Mond für Mond, Jahr für Jahr, Jahrzehnt für Jahrzehnt.

Aber unsere Zyklen sind zerhackt und zerstückelt. Wer kann noch mit dem Auge den Weg des Mondes und der Sonne verfolgen? Häuser stehen vor dem Horizont, ein Lichtchaos zerreißt den Fluß der Hormone im Körper. Neonlicht bis spät in die Nacht, ob Neumond, ob Vollmond, nur die Uhr gebietet: Man rennt sich die Seele aus dem Sklavenleib, und Personen, Kleinfirmen, Betriebe, Großkonzerne, Staaten, Machtblöcke rasen in der Konkurrenz, schneller, nur schneller.

Wo ist das goldene Ei, zu dem sie alle wie vergrößerte Spermien streben, welcher Uterus soll sie aufnehmen? Wo oder was ist die Mitte?

Mittelpunkt oder Zentrum kommt von dem griechischen Wort *kentron* = Stachel. Das Zentrum einer neugegründeten Stadt wurde in der Antike mit einem Pfahl gekennzeichnet, den man in die Erde steckte. Daher das griechische Wort *polis* für Stadt. Die Polis ist der Pfahl im Mittelpunkt des Runden. Und Politik geht von der Stadt aus, nicht von den weiten Landschaften, den Wiesen, Feldern und Wäldern, die die Stadt ernähren.

Das Zentrum hält man heute von daher auch für das wesentliche, die Peripherie ist zweitrangig. Wen wundert es, daß unsere heutige Politik ein phallokratisches Geschiebe und Gedränge ist ... die Männer*runde*.

Aber ohne Umfang keine Mitte, ohne Peripherie kein Zentrum, ohne Land keine Stadt. Zusammen sind sie eins! Im Unendlichen, raumlos-zeitlos, trifft sich das Riesigste mit dem Winzigen, verschmilzt das Allerkleinste mit dem Allergrößten. Und so lösen das relative Außen und das relative Innen sich im Ein und Alles auf. Unendlichkeit verschlingt uns aus beiden Richtungen: aus den gewaltigen Spiralen der Milchstraße, aber auch aus dem kreisenden Zucken und Blitzen der Protonen und Elektronen in den Atomkernen. Unendlichkeit erwartet uns auf beiden Seiten der gewundenen Muschel, dem inneren Wirbel der Involution, der äußeren Rundung der Evolution.

Liebend umfangen, gedrückt, von Muskelringen geknetet und umschlungen wird sich der Phallus seiner selbst bewußt. Wenn du deinen Geliebten aufgenommen hast, weißt du es noch, ob er in dir ist oder außerhalb von dir?

Und wenn du tanzt, so wisse: Du bist das *große Runde*, das sie alle aufnimmt ... oder nicht. Aber du bist auch das winzige *Zentrum*, das die Aufmerksamkeit aller Zuschauer unwiderstehlich auf sich zieht. Je fester und je tiefer deine innere Mitte ist, desto größer wird das Kraftfeld, in dem sie alle Platz haben. Nimm sie auf ...

Aber wo ist dann noch die Mitte?! Im Absoluten gibt es keine Mitte. Jeder Punkt ist potent.

Immer und überall bewegt sich das Weltall. Das ist der Sinn.

Ewigkeit – die heilige Schlange (Achterbewegungen)

Erfahrung

☞ Stell dich in einem kleinen Zimmer auf und geh geradewegs auf eine Wand zu, bis du fast anstößt. Was nun? Du prallst nach rückwärts zurück, gehst rückwärts zur Gegenwand und stößt dort fast mit dem Rücken an, um von dort wieder vorwärts zur ersten Wand zu gehen: hin und her, hin und her. Das ist die Strecke: Eine gerade Linie, die von zwei Endpunkten begrenzt wird.

Dann geh einen Kreis, z. B. nach links, immer weiter nur nach links, die Richtung bleibt unverändert. Zwischen der Geraden und dem Runden, der Linie und dem Kreis gibt es keine Beziehung.

Oder?

Geh noch mal auf die Wand zu und »wende« dich um deine Achse so weit nach links, bis du vorwärtsgehend auf die gegenüberliegende Wand zusteuerst. Unmittelbar davor »wendest« du dich nach rechts, du gehst wieder vorwärts zur ersten Wand. Es ist eine Achterschleife geworden, du hast das Gerade mit dem Runden vereint, die Linie mit dem Kreis vermählt. Auf Kosten der Vollkommenheit (des Kreises) und der Geradlinigkeit (der Strecke). Beide sind in sich starr, mit einer neuen, *gewundenen* Bewegung kannst du *wenden* und hast im *Endlichen*, zwischen Wand und Wand, eine *unendliche* Bewegung erreicht. Welch ein Rätsel!

☞ Auch innerhalb des Körpers ist das möglich: Du stehst und läßt deine Hüften in einer geraden Linie von links nach rechts und von rechts nach links hin- und hergleiten, mehrere Male. Wie weit reicht die Hüfte, wo ist die Grenze der Dehnbarkeit? Irgendwann bemerkst du, daß deine Hüften den Wendepunkt nicht spitz lassen wollen, sondern umrunden, und aus einer geraden Linie entsteht eine Achterschleife. Dabei gibt es mehrere Möglichkeiten.

Erstens: Die rechte Hüfte holt von rechts hinten aus, wandert nach rechts vorne, wendet dadurch, und die Bewegung gleitet diagonal nach links hinten zurück, die linke Hüfte holt von links hinten aus und wandert nach links vorn, wendet dadurch, und die Bewegung gleitet wieder diagonal nach rechts hinten, wo die rechte Hüfte wieder von hinten her ausholt: wie ein Schaufeln mit einem Elchgeweih. Immer von hinten nach vorne auf beiden Seiten. Führe diese Bewegung eine geraume Zeit fort. Du wirst die Harmonie empfinden, die sie vermittelt.

Zweitens: Laß Bauch und rechte Hüfte nach vorne rechts gleiten, schiebe sie nach hinten, wende dadurch und laß die Bewegung von rechts hinten diagonal nach links vorne gleiten. Schiebe nun die linke Hüfte nach links hinten und laß dann die Bewegung wieder diagonal nach rechts vorne gleiten, wo die rechte Hüfte dann wieder weich und rund nach rechts hinten wandert. Führe diese Übung eine geraume Weile fort – sie vermittelt dir eine Art Bauchladengefühl: Bauch und Hüften gehen auf Reisen, die Bewegung gibt dir ein Gefühl vertrauensvoller Erotik.

Dies sind die waagrechten Achterbewegungen der Hüfte. Nun das ganze in einer senkrechten Ebene:

Du läßt die rechte Hüfte nach rechts

gleiten. Laß die Bahn dabei nach außen unten abgleiten, führe dann die Hüfte rund nach oben, und laß dann die Bewegung wieder nach links unten gleiten. Führe die linke Hüfte rund nach links oben, wende dadurch und laß die Bewegung wieder nach rechts unten gleiten. Von da aus steigt die rechte Hüfte wieder rund nach oben. Wiederhole diese Übung einige Minuten, es ist ein Wiegen und erinnert an Wellen und Wogen.

Auch diese Bewegung kannst du umgekehrt zeichnen: Du schiebst die Hüften abwechselnd nach außen oben, läßt sie am äußersten Punkt sinken und schiebst sie von neuem nach außen oben ...

Und nun die allerschönste Bewegung dieser Art: Führe das Becken in einer geraden Linie nach vorne, nach hinten, nach vorne, nach hinten, und stell dir dann vor, daß das Schambein von unten her ausholt, sich nach innen krümmt und sich dadurch hebt. Nun gleitet das Becken nach hinten unten (solange du das Gleichgewicht halten kannst, es ist wie kurz vor dem Hinsetzen), dann ist das Gesäß an der Reihe, es bewegt sich in einer weichen Rundung nach oben, und vom Kreuz aus wandert das Becken wieder schräg nach vorne unten. Im selben Augenblick beginnt die Bewegung wieder von vorne: das Schambein hebt sich, krümmt sich nach innen und läßt das Becken wieder schräg nach hinten unten gleiten ...

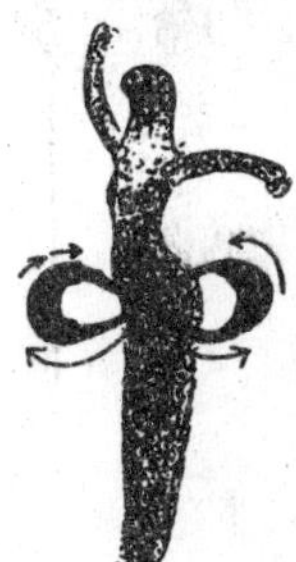

Von der Seite aus gesehen ist diese Bewegung also eine Achterschleife, die in einer senkrechten Ebene verläuft. Dies ist die eigentliche Schlangenbewegung. Sie ist elegant, geschmeidig und verführerisch. Übe auch diese Bewegung mehrere Minuten lang.

Schlangenbewegungen sind Achterbewegungen, Achterbewegungen sind Schlangenbewegungen. Schlängeln können sich die Hüften, der Oberkörper, der Hals, auch die Arme und Hände, ja sogar die Beine: z. B. bei einem bestimmten Schritt, der im nordindischen Kathaktanz vorkommt. Außerdem können die meisten Achterbewegungen auch im Gehen ausgeführt werden. Das sieht sehr anmutig aus, vor allem bei der zuletzt beschriebenen, die fälschlich oft als »Kamelgang« bezeichnet wird. In Wirklichkeit ist es eine Schlangenbewegung.

☞ Lege Bauchtanzmusik auf und übe die verschiedenen Schlangen- bzw. Achterbewegungen auf der Ebene der Hüften, des Oberkörpers und des Halses. Du wirst im Laufe von Wochen und Monaten gesund und geschmeidig werden.

Sinn

Das Schlangenhafte ist in unserer Kultur nicht so gut angeschrieben. Jemand »windet« sich, um irgend etwas nicht zuzugeben oder nicht zu tun. Das »Gewundene« ist nicht aufrecht, ist nicht gerade, es verändert andauernd seine Form, ist unzuverlässig, ohne Rückgrat, »ent-windet« sich, bleibt schillernd und unfaßbar. Andererseits gilt es auch wieder als günstig, wenn man »gewandt« ist, also flexibel oder elastisch.

Mit einem flexiblen Rückgrat ist man im übrigen auch vor mancherlei Krankheiten gefeit, denn auf beiden Seiten der Wirbelsäule verlaufen die Reflexzonen für Blase, Niere, Dünndarm, Milz, Gallenblase, Herzbeschützer, Herz und Lunge (nach der chinesischen Lehre), und wenn all diese Reflexzonen sacht und geschmeidig durch die beschriebenen Schlangenbewegungen beruhigt, stimuliert oder energetisch ausgeglichen werden, so lockern sich chronisch verspannte Muskeln; falsch plazierte Wirbel finden ihren richtigen Platz, und Krankheiten verklingen, ohne daß ein Akupunkteur oder Chiropraktiker zu Werke gehen muß.

In Indonesien liebt man die Schlangenbewegungen, und zwar sowohl im Tanz wie auch in der Konstruktion von Häusern: Die Priesterin oder Tänzerin darf sich dem Tempel nur in Schlangenlinien nähern, und hinter der Eingangstür eines Hauses bringt man versetzt eine weitere Tür oder einen Paravent an, damit böse Geister nicht eindringen können, denn diese bösen Geister können, wie man weiß, nur geradeaus fliegen.

Im chinesischen Feng-Shui – das ist die Lehre davon, wie man den Chi-Fluß von Landschaften, Gärten und Häusern erkennen und einbeziehen kann – gelten gerade Linien als schlechtes, gefährliches Chi. Chinesische Behörden und Baumeister lieferten erbitterten Widerstand, als die englischen Kolonisatoren gerade Straßen und Telegrafenleitungen anlegen wollten. In der Nähe einer Schnellstraße zu wohnen gilt als gesundheitsschädlich. Die Schlange – oder im Chinesischen der Drache – mit ihren Windungen bringt Heil und Sicherheit.

Auch die Sufis verwenden bei ihrem Dhikr eine Achterbewegung des Oberkörpers, während sie gleichzeitig ihre heiligen Formeln sprechen. Durchaus vorstellbar, daß sie es auf Umwegen von den Ophioniten, einer gnostischen Sekte, in der das Schlangenprinzip verehrt wurde, übernommen haben.

Letztlich sind alle Schlangenbewegungen auch Achterbewegungen, denn Schlange ist Windung, und Windung ist

Wendung und unmerklich feine Richtungsänderung. Geschmeidig und anmutig ist die Bewegung der Schlange, und wenn sie sich aufrichtet, so sind es Achterbewegungen, mit denen sie sich im Gleichgewicht hält.

Im patriarchalen Westen gilt die gerade Linie als Sinnbild von Sittlichkeit und Aufrichtigkeit, aber auch von ökonomischer Zweckmäßigkeit. Nicht vom Weg abzuweichen, sich selbst treu zu bleiben, das Ziel ins Auge zu fassen und ohne Umschweife zu verfolgen, das ist das Ideal. Und der Kreis galt im Mittelalter als Sinnbild der Vollkommenheit. Keplers Entdeckung beispielsweise, daß die Planeten sich nicht auf Kreisbahnen, sondern auf elliptischen Bahnen um die Sonne bewegen, war umstürzlerisch und ketzerisch. Gott konnte doch nur Vollkommenheit erschaffen!

Der Kreis ist vollkommen, in sich eins, ohne Enden und Ecken, immerfort mit sich selbst gleich, aber dadurch auch statisch. Er kennt kein Du, kein Wechselspiel, keine Hingabe, kein Warten, keine Näherung, keinen Raum, keine Bewegung außer sich. Er *ist* – doch für die materielle Welt ist er *nicht* und wurde deshalb zum mathematischen Symbol für die Null. Die Acht aber wurde zum mathematischen Sinnbild der Unendlichkeit.

Warum die Acht und nicht der Kreis?

Weil sie durch die Endlichkeit, durch die Strecke zwischen A und B, durch die Zweiheit zur Unendlichkeit, zur Einheit gelangt. Weil sie den Geist, das Unendliche in der Materie aufscheinen läßt, weil sie die beiden Pole dadurch vereint, daß sie ein Außen und Innen entstehen läßt: Bewußtsein.

Im Kreis sind Außen und Innen in alle Ewigkeit getrennt. Wenn du drinnen bist, darfst du nicht hinaus, die Mauer hält dich zurück. Dort draußen über den sieben Meeren, wo ungeahnte Paradiese liegen, wo die irrenden Sehnsüchte den Anker werfen wollen, wo die Winde den Duft der Freiheit tragen … dort draußen … aber die Mauer hält dich zurück.

Hast du den Mut, sie zu überwinden? Du riskierst Ver*nicht*ung. Und wenn du draußen bist, willst du hinein, doch man läßt dich nicht. Es ist heilig, es ist tabu. Du bist nicht reif, du gehörst nicht zum Inneren Kreis. Weißt du denn, was du erstrebst? Nur wenigen ist es vorbehalten. Du riskierst den Tod, die Vernichtung.

Der Kreis ist die ewige Grenze zwischen Bekanntem und Unbekanntem, zwischen Endlichem und Unendlichem ... in beiden Richtungen.

Die Acht aber überwindet den Kreis, die scheinbar ewige Mauer zwischen den Welten des Diesseits und des Jenseits. Stell dir vor, du sitzt bequem an der äußeren Seite einer Achterschleife und setzt dich in Bewegung. Eh du dich versiehst, bist du über den Knotenpunkt nach innen gefahren, du wirst in den Sessel gedrückt; man zeigt dir die Innenwelt. Jetzt halt dich gut fest! Die Zentrifugalkräfte beginnen neuerlich zu wirken, du hast den Knotenpunkt gekreuzt, dein Schlitten saust weiter, und schon bist du wieder draußen.

Draußen helles Tageslicht und scharfe Umrisse, die vertraute Welt mit ihren Alltäglichkeiten, drinnen die Gestalten der Nacht, Irrlichter und gaukelnde Träume. Das ist der Reiz der *Acht*erbahn, für acht Mark wie geschenkt.

Die Acht macht Zwei zu Eins, verbindet die Extreme, verbindet auch die Geschlechter und wird zum Zeichen für Ehe: eine Linie ohne Anfang, ohne Ende, eine Liebe ohne Anfang, ohne Ende ...

Was nicht zusammen denkbar ist, wird doch vereint: Schnell, viel zu schnell für das menschliche Auge ent-windet sich die Schlange ins Gebüsch; während noch der letzte Eindruck im Auge haftet, ist sie bereits verschwunden. Schnell, unendlich schnell wendet, dreht, windet die Tänzerin ihren Körper, läßt ihn in Wellen wiegen und schlängeln. Körper und Welle, Korpuskel, also Teilchen und Welle, Materie und Energie, das Paradoxon der modernen Physik. Paradox, unbegreiflich für den menschlichen Verstand, scheint die Einheit der Zwei. Aber es besteht kein Unterschied zwischen Materie und Geist, Materie und Energie, Teilchen und Welle.

Wußten das die Fakire, Schamanen und Zauberer der Alten Welt, wenn sie Gegenstände verschwinden und woanders wieder auftauchen ließen, wenn sie Seile in den Himmel warfen und an ihnen emporkletterten? Und selbst wenn es nur Illusion, Suggestion wäre – wo ist der Unterschied zwischen Sein und Schein, wenn der Geist Spiele der Imagination spielen will?

Wer die Schlange, die Acht erkannt hat, wird niemals mehr die Dichotomie, die Spaltung der Welt in Heiliges und Unheiliges, Wesen und Erscheinung, Geist und Materie, Wirklichkeit und Unwirklichkeit, Zentrum und Peripherie vollziehen, und läßt sich weder von der starren Vollkommenheit des Kreises, noch von der trügerischen Zielstrebigkeit der Geraden blenden. Durch Wendung und Wandlung werden wir ewig. Wie die Schlange winden wir uns aus der alten Haut hervor.

Wenn wir dagegen nur um uns selbst kreisen, können wir uns nicht ent-wickeln, und wenn wir der Geraden folgen, stoßen wir an eine Grenze. Deshalb laßt uns geschmeidig werden, geschmeidig bleiben, laßt uns in Achterschleifen schwingen, damit wir mit den Beatles singen können:

Your inside is out, and your outside is in
So come on, make it easy
Everybody's got something to hide
Except for me and my monkey

Die heilige Horizontale – geerdet (Bewegungen am Boden)

Erfahrung

☞ Du liegst auf dem Rücken am Boden und stellst dir vor, daß alle Spannungen und Verkrampfungen – seien sie nun chronisch oder nur kurzfristig angesammelt – abfließen und in den Boden einsinken. Der Kopf liegt breit und schwer am Boden auf. Schädelbasis, Nacken und Schultern sind entspannt, die Halswirbel sinken dem Boden zu. Die Rücken und Lendenwirbel sinken ebenfalls in den Boden, während du mit dem Bewußtsein die Wirbelsäule hinabwanderst. Das Hohlkreuz senkt sich, nähert sich dem Boden, das Kreuzbein liegt breit und bequem am Boden auf, Gesäß und Vagina sind entspannt, Arme und Beine liegen breit und schwer am Boden auf. Du wirst immer mehr Teil der Erde, du wirst gewissermaßen zu einer »Ausstülpung« der Erde, gibst ihr dein ganzes Körpergewicht hin.

Wiederhole diese Übung, während du auf der linken oder rechten Seite oder auf dem Bauch liegst.

☞ Rolle dich, krieche, ver- und entwickele dich am Boden, fühle dich in jeder Phase deiner Bewegung vertrauensvoll dem Boden angepaßt, leg dich dann auf den Bauch, schließ die Augen und spüre wie die Schlange durch den Bauch, was in der Welt um dich vor sich geht. Laß den Bauch zum Medium übersinnlicher Wahrnehmung werden.

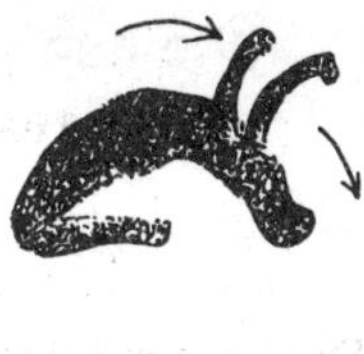

☞ Im Bauchtanz gibt es viele Bodenbewegungen: Du sitzt auf den Fersen, verlagerst dann das Gleichgewicht nach rechts und

setzt die rechte Hand mit ausgestrecktem Arm auf den Boden. Gleichzeitig spreizt du das linke Bein seitlich aus, so daß der Körper von der linken Schulter bis zum linken Fuß eine Linie bildet. Das Gewicht ruht nun auf der rechten Hand und dem noch immer angewinkelten rechten Bein. Der freie linke Arm vollzieht nun Schlangenbewegungen, Kreise, die Hüfte bewegt sich in Achter- und Kreisbahnen.

Komme mit Schwung wieder zum Kniesitz zurück und strecke nun das rechte Bein nach hinten aus. Der Oberkörper streckt sich wie bei einer aufgerichteten Schlange nach oben, die Arme halten das Gleichgewicht und vollziehen Kreise und Schlangenbewegungen.

Zieh das ausgestreckte Bein wieder zurück, hebe dich zum Kniestand und beuge den Oberkörper nach hinten. Die Arme sind dabei über den Kopf erhoben. Wiege dich nun mit nach hinten gebeugtem Oberkörper. Dabei wurzelt die Energie im Boden unter den Knien. Ein einziger Energiebogen spannt sich über Oberschenkel, Hüfte, Bauch und Brustkorb bis zum Kopf.

Und wenn du im Laufe von Wochen oder Monaten ein inniges Vertrauen zum Boden gewonnen hast, wenn der Boden zu deinem Element wird, kannst du dich mit dem Kopf nach hinten ganz zum Boden herablassen, so daß der Körper einen Bogen vom Kopf bis zu den Knien bildet. Die Arme schlängeln sich nach oben oder liegen entspannt und vertrauensvoll auf der Erde.

☞ Um Knie und Oberschenkel zu lockern, kannst du dich mit Hilfe der Hände aus dem Kniesitz nach hinten absinken lassen. Die Unterschenkel sind dabei nach unten eingeschlagen, der ganze Torso liegt auf dem Boden, die Arme liegen, über den Kopf nach oben gestreckt, am Boden auf. Laß dabei den Bauch hüpfen, achte außerdem darauf, daß auch das Kreuz entspannt ist. Im Lauf der Zeit wird es dir gelingen, auch ohne Zuhilfenahme der Hände wieder zurück in den Kniesitz zu kommen. Es erfordert Vorstellungskraft und eine gute Bauchmuskulatur.

☞ Lege Bauchtanzmusik auf und laß dich vom Ciftetelli-Rhythmus wiegen. Behalte bei diesen Bodenübungen das Schlangenelement im Bewußtsein!

Sinn

Nun bist du also »tief gesunken«, du bist »ganz unten«, du bist »zu Boden gegangen«. Welch eine »Niedrigkeit«. Gehört das nicht zum »horizontalen Gewerbe«? Was am Boden ist, das kann man »mit Füßen treten«. Es verdient unsere Verachtung. »Aufsteigen« aber kann man zur Spiritualität, zur Erleuchtung, in allen möglichen Hierarchien. Man steht »hoch in der Gunst« bei jemandem.

Die Sprache denunziert natürlich auch die falsche Erhabenheit, spricht von »Hochmut«, von »hochtrabenden« Worten. Aber »tiefsinnig« oder »tiefschürfend« zu sprechen ist nicht unbedingt eine Auszeichnung. Da droht schon wieder der »Abgrund«, man kann ins »Bodenlose« »abgleiten«.

Moderne orientalische Bauchtänzerinnen lehnen es heute manchmal ab, Bodentanzsequenzen in ihre Show einzufügen. Sie sind der Meinung, es sei eine »Erniedrigung«!

Einige glauben, daß der Bodentanz durch die niedrigen Beduinenzelte entstanden sei, in denen die Tänzerinnen nicht aufrecht hätten stehen können. Doch das erklärt nicht, weshalb die klassischen ägyptischen Bodentanzhaltungen mit den indischen Bodentanzhaltungen wie auch mit indischen Yogapositionen Ähnlichkeit haben – wo sind da die Araberzelte? Viel eher ist anzunehmen, daß Bauchtanz gerade nicht aus den Nomadenzelten kam, sondern aus einer Akkerbaukultur. Aber davon später.

(Mit ähnlicher Logik könnte man auch behaupten, daß ständig umnebelte, opiumsüchtige Haremssklavinnen nicht die physische Kraft hatten, sich beim Tanzen aufrecht zu halten!)

Bei alledem wird eines vergessen: der Boden, die Erde, die Kraft der Erde. Im Mittelalter packte man Frauen, die der Hexerei verdächtigt wurden, unter den Achseln oder trug sie in einem Korb zur Folterkammer, denn man befürchtete, daß sie in dem Augenblick ihre magische Kraft wiederbekämen, in dem ihre Füße den Boden berührten!

Geerdet zu sein ist Kraft. Unendlichkeit, Anziehung, Rätsel, Geheimnis erwarten uns ebenso sehr im Erdkern, dem immer winziger in sich zusammenfallenden Zentrum der Erde, wie in der Ausdehnung jenseits von Atmosphäre und Planetenbahnen. Diese Kraft ist »niedrig«, »tief«, »parterre«, »ganz unten« ... und heilig! Die Erde, die uns trägt, auf die wir unsere Füße setzen dürfen, ist heilig!

Das Wissen von der Schlange, die mit dem Bauch auf der Erde liegt und ihre Erschütterungen »hört«, die die Erdbeben im voraus weiß und ankündigt, die sich auf der Erde windet, der Hüterin des magischen Wissens, die den Baum der Erkenntnis bewacht, ist an uns vorbeigegangen. Die Spur verliert sich im Sand, der Wind verweht die Konturen.

In ihrem Buch »Schlange und Sphinx« erwähnt Wendy Buonaventura einen marokkanischen Tanz, in dem Frauen wie Schlangen am Boden kriechen und nacheinander ihre Kleidungsstücke abwerfen ... eine vielfache Häutung.

Wenn wir uns am Boden drehen und winden, uns beugen und biegen, uns der Anziehung des Bodens, der Schwerkraft unseres Körpers überlassen, oder uns vom Boden heben, als wären wir schwerelos, so kehrt die Schlange zurück, und vielleicht, vielleicht werden wir ihre Weisheit erlangen. Das ist der Sinn.

Anders: Wenn du auf dem Boden liegst und deinen Geliebten schlängelnd in dich aufnimmst, so bist *du* die Erde, und du läßt den Himmel über dir aufgehen, wenn er zu dir kommt. Und wenn du auf ihm liegst, so wird *er* zur Erde, wie Geb, der ägyptische Gott der Fruchtbarkeit, dessen Phallus steil in die Luft ragte. Du aber wirst zum Himmel, du senkst dich von oben auf ihn herab.

Bei den Dogon in Westafrika verglich man den Sternenhimmel mit einer riesigen Gebärmutter, und in den alten Kulturen des Vorderen Orients war die Große Göttin auch die »Himmelskönigin«.

Wenn du am Boden tanzt, so laß den Teppich, auf dem du dich bewegst, zum Liebeslager werden. Du sprichst von Liebe, von Vereinigung, von der Kraft der Erde, du sprichst von Traum und Schlaf, der Wachsamkeit der Schlange, von Haut und Haar, von Öl und Sandelduft ... umfangen, umschlungen. Es ist eine Einladung, und du bist die Herrin des Hauses.

Das ist der Sinn.

Die glückliche Vertikale – geerdet (Die aufrechte Haltung)

Erfahrung

☞ Nimm eine Metallschale oder ein Buch, balanciere sie auf dem Kopf, gleichmäßig, gelassen, würdevoll. Deine Füße berühren die Erde, auf deinem Scheitel ruht das Runde des Himmels. Oben und unten ist dir gegeben, dazwischen bist du. Bewege deine Hüften, deinen Brustkorb, den ganzen

Oberkörper, die Hände, Arme, Schultern, den Hals in Akzenten, Zittern, Kreisen, Schlangenbewegungen.

So sehr du dich am ganzen Körper bewegst, die Schale muß dabei ruhig bleiben. Lege dann die Metallschale weg und spüre, wie die Energie des Erdmittelpunktes durch die Erdrinde, durch den Asphalt, die Stockwerke, deine Fußsohlen im ganzen Körper emporsteigt und durch die Schädelmitte und die erhobenen Fingerspitzen wieder austritt und in den Weltraum hinausschießt. Du bist zwischen Himmel und Erde. Oben und Unten sind eins, in dir, durch dich.

☞ Laß dich weich und kraftlos zu Boden fallen ... und steh wieder auf. Ganz ohne Technik, ganz ohne Kontrolle ... wie es gerade kommt. Laß dich wieder fallen und steh auf. Wiederhole diesen Ablauf mehrere Male. Folge der Schwerkraft des Körpers, das heißt der Anziehung der Erde, der Kontraktion, und folge der Anziehung des Himmels, der Expansion. So wird das Aufstehen leicht. Bewege dich bewußt in diesem polaren Energiefeld.

☞ Die nächste Übung ist für eine Gruppe gedacht: Mehrere Augenpaare blicken dich an, erwartungsvoll, abwartend, interessiert. Und du trittst mit stolzer, aufrechter Haltung vor dein Publikum. Du trägst den Kopf hoch erhoben, fängst die Blicke der Anwesenden ein und schreitest würdevoll an jeder einzelnen Frau vorbei. Du verkörperst Sicherheit, Würde, Gelassenheit, bist dir deiner Verantwortung, deiner Machtposition bewußt. Wir haben es im Unterricht durchgespielt, und einigen von uns fiel es nicht leicht. »Da halten dich ja alle für arrogant, wenn du dich so bewegst«, sagte die eine. Die andere hielt es durch, dennoch war in ihren Augen ein Schatten von Angst. Und die dritte mogelte sich schnell am Publikum vorbei, wollte nicht Brennpunkt sein. Wir stellten fest, daß würdevolle Haltung, gebieterischer Ausdruck und unverwandter Blick leichter fielen, wenn wir uns vorher ganz tief vor den anderen verbeugten. Um das

Haupt hoch tragen zu können, mußten wir mit der Erde verwurzelt sein.

Sinn

»Haltung bewahren«, sagt man in der Umgangssprache oder spricht vom »aufrechten Gang« eines demokratisch gesinnten Menschen. Vielleicht trägt jemand den Kopf hoch oder zu hoch. Vielleicht ist das Rückgrat geknickt, die Schultern gebückt, das Kreuz überspannt – man spricht davon, daß jemand »geknickt« oder »gebrochen« ist. Das »hat ihm das Rückgrat gebrochen«. Manche gehen mit dem »Kopf voran« oder gar »mit dem Kopf durch die Wand«, anderen wiederum sieht man die »Kopflastigkeit« auf den ersten Blick an.

Aber wer Oben und Unten als Einheit kennt, kann den »Kopf hochtragen, ohne den Boden unter den Füßen zu verlieren«, ohne sich vor Neid und Angriffen zu fürchten. Du kannst dich in deiner ganzen Größe aufrichten, wenn du weißt, Oben und Unten sind eins. Du kannst herrschen, ohne zu herrschen, führen, ohne zu führen, gebieten, ohne zu gebieten. Denn du weißt, den Herrscher oder die Herrscherin gibt es nicht.

Aber es gibt das Kollektive und das Individuelle. Deine Füße wurzeln im Boden und sind auf den Erdmittelpunkt hin gerichtet. Bei den Menschen aller anderen Weltgegenden ist es ebenso, und deshalb vereinen sich unsere Wurzeln in der Mitte der Erde. Unser Boden ist unsere kollektive Einheit. Wenn wir zur Erdmitte streben, sind wir alle in einem Schoß zu Hause. Aber wenn wir ins Weltall hinausstreben, uns in den Raum verlängern, so treffen wir auf eine ungeheure Weite, übersät von Himmelskörpern, Sternenstaubbahnen und leuchtenden Gasmassen. Wenn wir unsere Körperachse in das All hinausrichten, so können wir feststellen, daß dieses All für jeden und jede von uns individuell verschieden, anders aussieht. Im Sternengewebe am Ende unserer Reise nach außen und oben liegt unsere Individualität. Im dunklen Schoß der Erde, am Ende unserer Reise nach innen, liegt unsere Kollektivität.

Im Bauchtanz spielen wir mit dem Oben und Unten, aber der Bauchtanz hebt nicht ab – ganz im Gegensatz zum Ballett, wo jede Bewegung nach oben strebt. Im Ballett wird der Bauch eingezogen, so daß eine geerdete Bauchatmung unmöglich wird. Atem und Vorstellungskraft ziehen die Tänzerin nach oben, die Sucht nach dem oben treibt sie auf die Spitze, verleitet sie zu Luftsprüngen, die dann in den starken Armen eines durchtrainierten Partners enden. Welch eine wählerische, diskriminierende Ablehnung des Unten, welch eine Sehnsucht nach dem Oben, nach Leichtigkeit *(Yin)*, die durch schwerste Muskelkraft *(Yang)* vorgetäuscht wird. Nur allzu oft erstarrt die Karriere der Tänzerinnen in formaler Perfektion und maschineller Funktion. Noch immer versperrt ein Puppenspieler, an dessen Fäden sie hängt, den Weg zur eigenen Persönlichkeit.

Umgekehrt ist es im orientalischen Tanz: Dort entsteht durch die Verwurzelung in der Erde die Blüte der Individualität. Form, Schrittfolgen, Figuren, das alles gehört zur Festigkeit der Erde, es ist eine kollektive Form, die für alle annähernd gleich ist. Auf dieser Basis entfaltet sich die innere

Realität der Tänzerin. Bauchtanz ist Improvisationskunst, die Kunst, sensibel auf atmosphärische Schwingungen der Musik und der Zuschauerschaft zu reagieren, die Kunst, Seelenzustände oder Erfahrungswelten auszudrücken, und nicht umsonst sind gerade reifere Frauen als Tänzerinnen beliebt. Es ist ihre Menschlichkeit, ihre reife, bewußte Erotik, die die Zuschauer in Bann schlägt. Eine Bauchtänzerin kann auch in fortgeschrittenem Alter noch tanzen, ihr Körper gewinnt durch den Tanz ...

Undenkbar im klassischen Ballett. Man weiß von den Zerrungen und Abnützungen, man weiß von der Angst vor dem Altern, die mit dieser Kunst einhergeht. Mit fünfundzwanzig schon zu alt für eine Karriere, und die Karriere ist es, von der junge Mädchen oder ihre Mütter träumen. Jede will die Diva sein, die Primaballerina, jede strebt nach oben, wie im Tanz, so auch im Leben – und verweist dadurch automatisch jede andere auf den zweiten Platz. (Allerdings greift solches mittlerweile auch in der europäischen Bauchtanzszene um sich.)

Im orientalischen Tanz ist jede Frau die Diva (wörtlich: die Göttliche), wenn sie sich dessen bewußt ist. Weil sie das Oben und das Unten liebt und vereint, ist sie die Vermittlerin von Himmel und Erde. Wenn sie in ihrem Tanz in Ekstase gerät, wenn ihr »heilige Schauer« das Rückgrat auf- und niederrieseln, so ist sie »göttlich« (»diva« (lat.) = »göttlich«). Und sie läßt ihr Publikum am Kraftfeld dieser vertikalen Energie teilhaben.

In vielen Kulturen Afrikas und Asiens war die Tänzerin auch Priesterin und umgekehrt. In den drei patriarchalen Religionen unserer Zeit, nämlich Judentum, Christentum und Islam, ist diese Einheit verlorengegangen. Die Frau wurde zerstückelt, das Heilige wurde zerstückelt.

Deshalb, wenn du tanzt, hebe die Arme in den Himmel, laß die Energien auf- und niedersteigen, heile die Wunde. Das ist der Sinn.

Die heilige Linke – Schöpfungswirbel (Drehung, Balance)

Erfahrung

☞ Reibe die Handflächen eine Minute lang und halte sie dann in einem Abstand von zwanzig Zentimetern voneinander entfernt.

Durch das Reiben wird die elektrische Aufladung (positiv/negativ) verstärkt, du wirst feststellen, daß zwischen deinen beiden Handflächen eine Anziehung entstanden ist.

☞ Nimm nun deine Arme nach oben und spüre in deinem Körper den energetischen Strömen nach, die in deinem Körper das Oben und Unten verbinden.

Schließ die Augen, schau nach innen. Wie verläuft die Energie in deinem linken Bein? Nach oben oder nach unten? In deinem rechten Bein? In deinem linken Arm, im rechten Arm? Siehst du es, spürst du es, wie in deine erhobene linke Hand Energie von oben einströmt, herabwandert bis zur Schulter, zur Brust und deinen Torso diagonal durchquert bis hinunter bis zur rechten Hüfte, dann im rechten Bein hinabläuft und deinen Körper durch die rechte Fußsohle verläßt? Siehst du, spürst du diesen diagonalen Strom?

Und nun schau die linke Fußsohle an. Spürst du, wie der Strom von unten nach oben eintritt, durch das Bein bis zum Becken hinaufwandert, diagonal nach oben zur rechten Schulter strebt, durch den rechten Arm zur rechten Hand läuft und dort nach außen tritt? Wieder ist es die ewige Acht, die der Geist der Schlange uns schenkt.

Du kannst den Stromkreis aber auch schließen, wenn du die Arme in Schulterhöhe kreisförmig und waagrecht vor dem Körper hältst, so daß die Fingerspitzen sich fast berühren.

☞ Einen Tag, nur einen Tag versuche »mit links« zu tun, was du sonst mit der rechten Hand oder mit dem rechten

Fuß tust. Steig mit dem linken Fuß aus dem Bett, mach den ersten Schritt über die Straße mit dem linken Fuß, versuche mit der Linken zu schreiben oder Hände zu schütteln, zu nähen usw.

Beobachte, wie du dich dabei fühlst.

☞ Dreh dich eine ganze Weile lang nach rechts, nach rechts, immer nur nach rechts. Und dann dreh dich nach links und beobachte, wie du dich fühlst.

Sinn

Die Rechte und die Linke könnten Freunde sein, »richten« und »lenken« sind ähnliche Funktionen, aber die Rechte hat mehr »Rechte«, sie ist »ge-rechter«, »richtiger« als die Linke, die ja eher »linkisch« oder gar »link« zu sein scheint. Das französische Wort »sinistre« für »links« heißt gleichzeitig auch »unheimlich«, »drohend«. Linkshänder haben es schwer. Sie werden in der Schule gemaßregelt, man versucht ihnen das linke Laster auszutreiben, oft hält man sie für suspekte Elemente im gesellschaftlichen Leben. Und wenn man jemand zum Abschied die Linke entgegenstreckt (weil die Rechte mit Tasche oder Schlüsselbund besetzt ist), so sagt man entschuldigend: »Aber die Linke kommt von Herzen.« Immerhin!

In einem moslemischen Bergdorf in Afghanistan käme man damit nicht so leicht durch. Angesichts einer solchen Beleidigung sind schon Messer gezückt worden. Denn die Linke gilt als unrein. Sie darf nur benutzt werden, um sich nach dem Gang zur Toilette den Allerunwertesten abzuwischen. Schreiben, Essen, Händeschütteln, das ist der Rechten vorbehalten. Die Ursprünge sind praktischer Natur: Aus hygienischen Gründen mußte man in wasserarmen Gegenden die Funktionen trennen.

Immerhin ist die Diskriminierung der Linken auffällig. Wenn jemand einen Eid schwören muß, so kann er ihn scherzhaft entkräften, indem er die Linke als Gegeneidhand nach unten hält. Wie seltsam: Genau umgekehrt war es im Vorderen Orient vor mehreren tausend Jahren, als dort matriarchale Kulturen herrschten (nach Frazer). Dort schwor man Eide »mit links«. Nur mit der Linken geschworen, galten sie. Die Priesterinnen spendeten den Segen mit der linken Hand. Links war freundlich und feierlich, gütig und mütterlich.

Die linke Körperseite gilt als rezeptiv und offen, die rechte als aktiv und gebend. Interessant, daß man gern der Frau den Platz an der rechten Seite des Mannes zuweist. Ihre rezeptive Seite ist seiner aktiven Seite geöffnet. Warum nicht umgekehrt? Die Frau liegt oder geht dann links, der Mann rechts und öffnet seine linke rezeptive Seite ihrer aktiven, gebenden Seite. (Selbst die Mantelöffnungen von Damen- und Herrenkleidung sind darauf abgestellt.)

Die linke Körperseite ist, wie wir wissen, mit der rechten Gehirnhälfte verbunden, und diese rechte Gehirnhälfte ist die Heimat der spekulativen, phantastischen, bildlich kreativen Bewußtseinsprozesse, im Gegensatz zu den logisch analytischen Denkprozessen der linken Gehirnhälfte. Nun gibt es Krankheiten, bei denen in der Homöopathie durchwegs Schlangengift in winzigen Dosen gegeben wird. Es sind »linksseitige« Krankheiten. Und Schlangengift wird auch bei übersteigerter Phantasie, Halluzinationen und Schicksalsgläubigkeit empfohlen. Gleiches heilt Gleiches! Menschen, die von giftigen Schlangen gebissen wurden und diesen Biß überlebten, erzählten von traumhaften, euphorischen, halluzinatorischen oder luziden Geisteszuständen ...

So war das Schlangengift vielleicht die Droge der alten mutterrechtlichen Welt, in der die Linke, die heilige, die offizielle Hand war, mit der man Eide ablegte und Segen spendete? Dämmert uns nun etwas? Blitzt eine Erkenntnis auf? Das Schlangengift als heilige Droge der mutterrechtlichen Welt mit ihrer Betonung der Linksseitigkeit könnte erklären, warum die Linke wirklich als unrein diskriminiert wird: Die Götter der Besiegten werden zu den Dämonen der Sieger. Links ist unrein oder unfein, weil es vorher heilig war!

Spät, sehr spät haben sich die Araber für ihre patriarchale, monotheistische Religion entschieden. Spät, sehr spät, haben sie ihre heidnischen Göttinnen und Götter umgestürzt, spät, sehr spät auch haben sie patriarchale Eheformen eingeführt. Jahrhunderte, Jahrtausende nach den Persern, den Griechen, den Römern, Babyloniern, Assyrern. Ist ihre Diskriminierung der Linken deshalb so heftig, weil sie dem Mutterrecht als letzte entkommen sind? Sind sie noch immer im Kampf der Rechten gegen die Linke verstrickt – ein Kampf, der bei uns längst entschieden ist?

Im Abendland haben die Rationalität, die Sachlichkeit, das Kalkül gesiegt. Die Sonne hat seit langem über den Mond gesiegt, der Tag über die Nacht, das Rechte über das Linke. Emotion und Mythos wurden verdrängt, in logische Ketten gelegt, nur um unter der Wahrnehmungsschwelle zu wuchern und in historisch oder persönlich schwierigen Situationen in destruktiver Form hervorzubrechen.

Phantastisches, Spekulatives, Poetisches wurde belächelt, ausgegrenzt oder psychiatrisiert. Der Triumph der linken Gehirnhälfte, der Logik über die Phantasie zeigt sich am deutlichsten am gesellschaftlichen Prestige der Wissenschaft. Wissenschaftlern, Sachverständigen glaubt man von vornherein mehr als jemandem, der ein Gefühl, eine Wahrnehmung, eine Intuition äußert.

Aber die Objektivität der Wissenschaft ist selbst wieder Mythos, gewaltig und trügerisch: Wissenschaftler können bestochen, gekauft sein. Das ist häufig der Fall. Aber auch davon abgesehen können Wissenschaftler durch persönliche, gesellschaftliche oder kulturelle Interessen konditioniert sein und deshalb selektiv sehen und subjektiv werten und interpretieren, ohne sich darüber im klaren zu sein. Und selbst, wenn all diese Verzerrungen bereinigt werden könnten, entstünde daraus keine Wahrheit. Denn alles, was ein Forscher über einen bestimmten Gegenstand sagt, rückt diesen Gegenstand in die Vergangenheit, läßt ihn zum Objekt erstarren, nimmt ihm das Leben, und außerdem hat der Forscher durch seine Forschung und Beschreibung bereits das Umfeld des Phänomens verändert.

Wahrheit dagegen ist in ihrer extremsten Formulierung Synthese, Verschmelzung, Einheit des Inneren und Äußeren. In dem Augenblick, wo ich etwas *wahr*nehme, ist es in mir wie der Same im Ei, verschmilzt mit meinem Sinnessystem, mit meinem Denksystem. Inside is out und outside is in, wie uns die Schlange lehrt.

Und die schillernde Vielseitigkeit der Schlange, ihre Windungen und Wendungen, entsprechen der immer wechselnden Vielgestaltigkeit der Welt, die kein gedachter Begriff jemals ganz begreifen kann.

Unsere starre abendländische, intersubjektiv wiederholbare Begrifflichkeit leidet krampfartige Schmerzen angesichts der Flexibilität, mit der orientalische Menschen mit der »Wahrheit« umgehen. Was gestern versprochen wurde, muß heute nicht verpflichten, hat sich doch die Situation verändert. Phantasie ist akzeptiert, wenn die Geschichte geglaubt wird. Sie hat ihren Zweck erreicht und ist wirklich geworden. Was man heute als morgige Zukunft annimmt, kann morgen ganz anders aussehen …

Der Fluß des Lebens enthebt das starre Subjekt seiner Verantwortlichkeit. Trotz aller Diskriminierung des Linken ist also hier das matriarchale Schlangenbewußtsein noch lebendig.

Rechts und Links sind unsere beiden Seiten, man muß nicht die eine diskriminieren, um die andere zu heiligen.

Wenn in den mutterrechtlichen Gesellschaften der Vergangenheit das »Linke«, magisch Spekulative das Heilige war und in der Gegenwart das Rechte herrscht, so haben wir jetzt in Kenntnis beider Gesellschaften die Möglichkeit, die *zwei* zu vereinen und daraus unsere Weisheit zu destillieren. Wir können mit beiden Händen streicheln, liebkosen und umarmen, und wir können mit beiden Händen praktische Tätigkeiten verrichten. Alle körperlichen Bewegungen, die den Gleichgewichtssinn stimulieren, tragen dazu bei, die Integration der beiden Gehirnhälften zu steigern.

Wenn du also tanzt, so denk an deine beiden Seiten. Orientalische Bauchtänzerinnen greifen hin und wieder unwillkürlich an die linke Schläfe, das heißt: Deine Gegenwart hat mich so verzaubert, ich muß meinen Schleier festhalten, fast hätte ich mich vor dir entblößt! Fürwahr ein Kompliment! Und im alten Kleinasien war genau das die Geste, mit der die feinen Damen Lykiens und Lydiens auszudrücken wußten: Ich bin erotisch ansprechbar. Versuch es mit der rechten Hand an der rechten Schläfe, es geht nicht. Die rechte Hüfte ist draufgängerisch. Wenn du dich im Tanz nach rechts, immer nur nach rechts drehst, so ziehst du die Energie deiner Zuschauer in dich hinein, sammelst sie in deinem Mittelpunkt, und wenn du dich dann nach links drehst, etwa zum Ende des Tanzes, so gibst du ihnen ihre Energie gestaltet, bearbeitet, neugeschaffen zurück, ein letztes Geschenk, bevor du die Bühne verläßt. Tanze den Walzer nach rechts, und die Anziehung zwischen dir und deinem Partner wird dichter, um schließlich in jene bekannte Filmszene überzugehen, wo Damen mit gebauschten Röcken, tiefen Dekolletés und hochgetürmten Lockenfrisuren, mit geröteten Wangen und bebendem Busen in Hinterzimmern auf seidenen Kissen niedersinken und ihren Tanzpartner mit sich reißen. Der Linkswalzer dagegen – wie auch der meist nach links drehende Derwischtanz – entmaterialisiert.

Rechts und Links sind eins, mit beiden kannst du spielen. Das ist der Sinn.

Das heilige Tier – Vertrauen (Rücken, Bauch, Auge)

Erfahrung

☞ Zieh im Sitzen die Knie zum Kinn, mach einen Buckel, schließe die Arme und die Unterschenkel, so daß nur die Außenseite sichtbar ist, und verharre in diesem geschlossenen, gepanzerten Zustand. Öffne dann Arme, Oberkörper, Bauch und Becken. Wie empfindest du deine Vorderseite? Ist es Schutzlosigkeit, Freiheit oder der Wunsch, dich auszudrükken?

☞ Laß deinen Bauch raus- und reinhüpfen, aber nicht durch die Atmung, sondern durch das Heben und Senken des Zwerchfells.

Versuche dann, den Unterbauch vom Oberbauch zu isolieren. Laß den Unterbauch hervorquellen und zieh den Oberbauch nach innen (es ist ein Gefühl, als müßtest du kotzen). Dann drücke den Oberbauch nach außen und zieh den Unterbauch nach innen. Je elastischer die Muskeln sind, desto mehr gleicht dieses Rollen zwischen Ober- und Unterbauch einer Schlangenbewegung.

☞ Lege dich auf den Rücken, laß alle Spannungen und Verkrampfungen in den Boden abfließen, entleere dich. Kopf, Arme, Torso, Gesäß und Beine liegen schwer und breit am Boden auf. Du entspannst die Vagina, die Bauchdecke vom Schambein über die Nabelgegend bis zu den Rippenbögen und atmest tief und ohne Anstrengung durch den Bauch. Nun beginnst du zu sprechen oder zu singen. Wie hören sich diese Töne an? Anders als sonst?

☞ Eine Übung zu zweit: Eine Partnerin legt der anderen die Hand auf den Bauch und versucht, durch die Hand im Bauch zu lesen wie in einem Bilderbuch. Welche Wut, welche Angst, welche Abwehr, welches Glück, welche Zufriedenheit sitzt wo? Die Partnerinnen können sich auch kreuzförmig Bauch auf Bauch legen und die Kommunikation von der Sprache in den Bauch verlegen.

☞ Stell dir vor, der ganze Raum, das ganze Umfeld, alles, was um dich ist, ist deine Mutter, du bist geborgen in einem großen Bauch. Und umgekehrt: Stell dir vor, daß dein Bauch groß genug ist, um jeden und jede zu schützen und zu bergen, der oder die darin Platz sucht. Geh mit diesem Gefühl in den Alltag.

☞ Du stehst aufrecht und entspannt, dein Bewußtsein ruht im Bauch, im Becken, und nun schau deinem Gegenüber tief in die Augen, ohne Gefühl, ohne Fragen, ohne Unsicherheit, nur in einem vollen Bewußtsein des Daseins, des Seins aus dem Bauch, aus dem Becken.

Geh nun mit dem Bewußtsein in den Brustkorb, verweile dort ein wenig und laß deinen Blick aus dieser Ebene hervorkommen. Eine Skala von Gefühlen, von Wehmut, Trauer, Liebe, Zorn, Strenge, Lächeln, Heiterkeit, Verständnis, Unsicherheit, Schüchternheit, Koketterie, Sehnsucht und Leidenschaft kann sich in deinen Augen spiegeln. Konzentriere dich auf ein Gefühl und laß dein Gegenüber herausfinden, was aus deinen Augen spricht. Wechselt euch dann ab.

Schließ nun ein drittes Mal die Augen und suche einen Ankerpunkt in der Stirn zwischen den physischen Augen. Halte ihn, bewahre ihn, beruhige dich in ihm, und dann öffne die Augen. Schau aus diesem Punkt nach draußen. Was siehst du wirklich? Siehst du hinter den physischen Gestalten und Bewegungen Energien? Dein Blick wird hypnotisch, du kannst aus diesem Zentrum in die Außenwelt wirken.

Sinn

Wenn wir jemandem den »Rücken zukehren«, ihn absichtlich ignorieren, so kann es geschehen, daß er »hinterrücks« gegen uns vorgeht. »Jemandem das Messer in den Rücken stoßen« heißt sein Vertrauen mißbrauchen, ihm nicht in ehrlichem Kampf gegenübertreten, sondern ihn oder seine Pläne aus dem Weg schaffen.

Aber auch der Bauch ist verletzlich. Etwas »aus dem Bauch heraus« tun heißt instinktiv, gefühlsmäßig handeln. Im japanischen Shiatsu gibt es das *Ampuku,* das heißt Bauchbehandlung. Aber oftmals wird dabei weder Druck noch irgendeine andere Massagetechnik angewendet, sondern nur die Hand aufgelegt. Im Bauch kann man lesen wie in einem Bilderbuch. Der Bauch spricht. Als ich einmal einer älteren Dame sanftes Ampuku gab und dabei meine Hände etwas unterhalb ihres Nabel bewegte, hatte ich plötzlich das Gefühl von Feuchtigkeit. War es Handschweiß? Ganz und gar nicht. Meine Hände waren trocken wie der Wüstensand. Und trotzdem dieses Gefühl von Feuchtigkeit!

Meine Patientin genoß es sichtlich, sie lächelte zufrieden. Hinterher erzählte sie mir, daß sie immerfort an Wasser und Ozean gedacht habe, daß sie meine Handbewegungen wie sanfte, gekräuselte Wellen empfunden hatte.

Tatsächlich lagen meine Hände längere Zeit auf den Reflexzonen des Wasserelementes (Niere und Blase). Aber auch alle anderen Elemente: Metall (Lunge und Dickdarm), Holz (Leber und Gallenblase), Feuer (Herz und Dünndarm, Herzbeschützer und Dreifacher Erwärmer), Erde (Magen und Milz) sind in der Bauchdecke vorhanden. Mit der Hand diese Zonen zu berühren, heißt die psychosomatischen Erfahrungen dieser Person empfinden.

Der Bauch kann sprechen: Die Eingeweide können schlaff und lustlos sein, die Nabelgegend verhärtet, die Reflexzonen von Dünndarm (auf der Gegend der Eierstöcke) leblos, die Gegend unter den Rippenbögen wie verwachsen mit den Rippen, und all dies äußert sich in den verschiedensten Störungen. Im Bauch können sich aufgestauter Ärger (die Wut im Bauch), Existenzangst, Traurigkeit, Resignation, Schocks und Traumata, Sexualabwehr, Überforderung und Selbstverleugnung widerspiegeln, rein organisch gesehen aber auch Störungen des Verdauungs- und Genitalsystems.

Durch isolierte Bauchübungen werden die Reflexzonen und damit auch die Organe belebt und harmonisiert, und dies führt fast unmerklich zu einer Verbesserung des gesamten Wohlbefindens. Schülerinnen berichteten mir von verbessertem Stoffwechsel, der sich auch auf die Haut auswirkte, Menstruationsschmerzen blieben aus, Sexualängste traten ins Bewußtsein und konnten aufgelöst werden. Auch im Yoga gibt es verschiedene Isolationstechniken der Bauchmuskulatur, wie zum Beispiel Nauli. Dabei wird der mittlere senkrechte Bauchmuskel isoliert und abwechselnd nach rechts und links verschoben. Dadurch werden Magen, Darm und Leber gestärkt und Menstruationsschmerzen behoben.

In den Ländern des Maghreb gibt es Tänzerinnen, die die Isolation der Bauchmuskulatur so perfekt meistern, daß sie aus zwei auf ihrem Bauch plazierten Cognacgläschen abwechselnd Flüssigkeit hin- und hergießen können. Was verbindet die spirituelle Disziplin Indiens mit der Tanztradition des arabischen Westens? Ist es Zufall, oder gibt es vielleicht eine gemeinsame Wurzel?

Mit Geburtswehen allerdings wird ein männlicher Adept des Yoga kaum zu tun haben. Aber gerade als Geburtsvorbereitung sind die Bauchisolationen bestens geeignet (wie auch die früher beschriebenen Schlangenbewegungen im Becken). Die Wehen sind krampfartige Muskelkontraktionen, die Bauchisolationen dagegen beruhen auf einem sanften Hin und Her von Kontraktion und Relaxation. Yin/Yang, Yin/Yang, Yin/Yang. Die schwangere Frau kann auf diese Weise ein Bewußtsein vom Geburtsvorgang entwickeln, sie kann den Geburtsvorgang dann bis zu einem gewissen Maß bewußt mitgestalten. Je besser sie gelernt hat, ihre Bauchmuskeln zu entspannen, desto besser ist sie auch imstande, sie kraftvoll anzuspannen, zu kontrahieren.

Dieselbe Fähigkeit, die Bauchmuskeln bewußt zu bewegen, steigert auch die Fähigkeit, den Phallus mit einem Geflecht von Muskelkontraktionen zu umgeben und dadurch selbst gesteigertes Vergnügen zu empfinden. Und auch hier wieder: Die Fähigkeit, Muskeln zu entspannen, loszulassen, ist Voraussetzung dafür, sie im Orgasmus zu kontrahieren oder anders gesagt: starke Orgasmen zu erleben. Eine ägyptische Bauchtänzerin verriet mir im Ton heiligen Ernstes in der Stimme, daß sie ihren Mann eigentlich gar nicht brauche, sie könne im Tanz Orgasmen erleben!

Und wo liegt die Gemeinsamkeit zwischen den Bauchbewegungen im Bauchtanz und im indischen Yoga? Könnte Yogaspiritualität gar etwas mit weiblicher Erotik zu tun haben, könnten Teile des Yoga vielleicht gar als tantrische Übungen entstanden und mit dem Tanz nach Westen gewandert sein? Die spirituelle Disziplin des Yoga wäre also im Ursprung erotisch, und die erotische Kunst des Bauchtanzes wäre im Ursprung spirituell!

Der Bauch beherbergt Gefühl und Instinkt. Wer mit dem Bauch erkennt, spürt, empfindet, ahnt, läßt sich instinktiv leiten.

Das Auge erkennt anders: »Von einem Augenblick zum anderen« kann man die »Übersicht« über eine Situation gewinnen, wenn man den Dingen »ins Auge sieht«, wenn das »Blickfeld« groß genug ist, und wenn man etwaige Täuschungsmanöver »klar durchschaut«. Mit »gesundem Augenmaß« kann man sich auch in schwierigen Situationen richtig verhalten, aber man sollte auch genügend »Weitblick« haben, um kommende Situationen »in Betracht zu ziehen«. Das Sehen kommt dem Intellekt schon sehr nahe: Eine »Theorie« ist wörtlich eine »Anschauung«, eine »Idee« ist ein »Bild«, und wenn man in dieser Richtung weitergeht, so gelangt man zu den »Gesichten«, den »Visionen«. »Seher« behaupten: »Ich habe das Antlitz Gottes geschaut« oder »Ich habe den Weltuntergang geschaut«. Charismatiker entwerfen die »Vision« einer neuen Gesellschaft. Aber was für den Seher Schicksal und »Vorsehung« ist, ist für den Pragmatiker mit »Vorsicht« zu genießen. Aus seinem »Blickwinkel« sieht er es anders. Es ist »Ansichtssache«!

So verrät also die Sprache, daß das Auge einerseits Konturen, Proportionen, Zusammenhänge wahrnimmt und an den Verstand weiterleitet, gleichzeitig aber auch, daß dieses Sehen subjektiv und relativ ist, relativ zu der Stellung der jeweiligen Person in Zeit und Raum. Mehr noch: Das Auge kann in die Außenwelt wirken. Malocchio, der böse Blick, kann Krankheit und Mißerfolg bringen, der Blick der Medusa kann Menschen zu Stein erstarren lassen, aber in den Augen kann sich auch das Innere widerspiegeln: Gefühle wie Mut, Haß, Trauer, Freude, Glück, Aufmerksamkeit, Frische oder Müdigkeit. Das Auge ist der Spiegel der Seele, und wenn zwei Menschen sich tief in die Augen schauen, so ist es eine Verschmelzung der Seelen, nichts wird verborgen. Wer dagegen die Augen hinter einer dunklen Sonnenbrille versteckt, bleibt undurchsichtig und hat einen Vorteil. Ganz ähnlich ist es auch mit dem Gesichtsschleier: Er bedeckt im Extremfall die Umgebung der Augen. Und das heißt: Sehen und nicht Gesehenwerden ... Macht. Stell dir vor, als Mann von diesem Blick erfaßt zu werden. Du fühlst dich nackt, du wirst aufgenommen, verschluckt, verzehrt. Es ist wie eine Allegorie auf die Vagina, die den Phallus aufnimmt und in sich verschwinden läßt. Deshalb ist der vom Schleier umrahmte Blick auch verführerisch und erzählt von baldigen Liebesspielen.

Weshalb also solltest du im Tanz deinem Publikum den Rücken zuwenden? Ist das nicht unhöflich? Aber Bauchtänzerinnen tun es oft und gern. Der Rücken ist Yang, fest, geschlossen – was sieht man da schon? Die Vorderseite dagegen! Weich, offen, ausdrucksvoll: der Bauch, die Hüften, rund geschwungen, der Nabel wie ein »Brunnen«, die Brüste wie zwei »Paradiesäpfel«, die Augen mandelförmig und dunkelleuchtend wie »glühende Kohlen« ... und die ganze Ausdrucksskala der Mimik und Gestik.

Die Vorderseite ist viel beweglicher, auch weicher und verletzlicher. Und dennoch ist auch das Gegenteil wahr. Vorne hast du das Publikum in der Kontrolle deiner Blicke, kannst es lenken, mit ihm kommunizieren, du kannst Vorsicht, Nachsicht oder Rücksicht üben, die Situation überblicken, um dann aktiv zu handeln. Es erfordert mehr Vertrauen, dich dem Gegenüber rücklings zu präsentieren. Denn nun bist du seinem Blick ausgeliefert. Sie sehen dich, und du sie nicht. Wie sicher mußt du dich fühlen, um dich zum Objekt ihrer Blicke zu machen? Sie sehen deine Haare, kräftig, widerspenstig, quirlig, wuschelig, sanft gewellt oder glatt und fein. Sie sehen deine Fersen und Fußgelenke, federnd, mit hohem Fußgewölbe, energievoll, zart oder weich und geschwollen. Deine Haare und Fußgelenke erzählen von deiner Vitalität, dem Speicher deiner Lebenskraft. Und sie sehen, ohne es zu wissen, den Fluß der Schlangenkraft im Rückgrat, sehen tief im Unterbewußtsein die bunte Kette der Regenbogenfarben in deiner Wirbelsäule, deinem Schlangenrückgrat, deiner aufgerichteten Menschlichkeit. Aber dann lockst du das Tier in ihnen.

Du streckst dich, wiegst dich in Hüften und Schultern, nimmst langsam die Arme nach hinten und unter den Haaransatz, hebst das Vlies nach oben, so daß sie Nacken und

Haaransatz sehen. Du blickst über die Schulter nach hinten und wendest den Blick wieder ab. So präsentierten sich japanische Geishas ihren Liebhabern. Der Nacken, wo der Tiger im Liebesspiel die Tigerin beißt, während er sich von hinten mit ihr vereinigt ... der entblößte Nacken war ein erotisches Signal.

Du läßt die Haare wieder fallen, du läßt dich fallen, beugst dich ohne Netz und doppelten Boden nach hinten, bis deine Haare fast den Boden berühren und du dein Publikum kopfüber, kopfunter siehst. Es ist eine Haltung, in der du Vertrauen brauchst, Vertrauen ins Rückgrat, in die Bauchmuskulatur, in den Boden. Zur Belohnung siehst du sie auf dem Kopf. Dann kommst du hoch, drehst dich um und hast dein Publikum wieder im Blick. Deine Augen sprechen von deinem Inneren. Ist dein Blick hypnotisch, ist er fest und ausdrucksvoll, oder irren deine Augen unstet von einem zum anderen, die dich taxieren? Wer hypnotisiert wen? Und woher nimmst du die Kraft und Stetigkeit deines Blickes?

Sie kommt tief aus dem Becken, dort ruht deine Kraft, dein Gleichgewicht, dort spiegelt sich das Zentrum der Erde. Dein Bauch verkörpert den Reichtum der Erde, die Fähigkeit, immer neues Leben zu gebären. Ohne Bemühung, ohne krampfhafte Anstrengung wird Neues geboren, einfach durch das Sein. Und wenn du den Bauch hüpfen, zucken, schnellen, rollen und schlängeln läßt, so erzählst du von Konvulsionen der Lust, in denen Liebe und Leben verschmelzen. Dein Blick ruht im Bauch, er zeigt dich der Welt und zeigt dir die Welt, Innen und Außen ist eins.

Und das ist der Sinn.

Das heilige Zentrum – Fingerspitzenspiel (Arm- und Handbewegungen)

Erfahrung

☞ Im Kniesitz läßt du deinen ganzen Körper zur Ruhe kommen, dein Gewicht ruht auf dem Becken, und nun läßt du dein Auge nach innen durch deinen inneren Raum schweifen. Sieh, wie ungeheuer weit er ist, weit wie eine Basilika, weit wie ein Tempel. Sieh deine Körperwände von innen, ungeheuer weit diese Entfernung. Wie lange würde eine Schwalbe brauchen, um von einer Hüfte zur anderen zu fliegen ... Minuten, Stunden, Jahre? Dein Becken ist groß, rund, geräumig, eine große runde Kugel, die Bauchdecke entspannt, Seitenwände, Lendenmuskulatur entspannt und durchlässig. Nach allen Seiten kann die Energie aus- und eintreten. Du läßt den inneren Blick in deinem Brustkorb spazierengehen. Er ist weit und geräumig, nach allen Seiten durchlässig. Dein Hals ist eine riesige leere Säule, dein Kopf eine große geräumige Kugel, du siehst Stirn, Augen, Wangen, Nase, Lippen, Kinn von innen, deine Arme sind groß und voluminös, Handflächen und Finger sind geräumig bis zu den Fingerspitzen. Du siehst dich von innen als einen großen Innenraum.

☞ Und nun laß dein inneres Auge bis hinab zum Erdmittelpunkt wandern, zu jenem Zentrum, das immer kleiner und feiner und winziger wird und in der Unendlichkeit der Winzigkeit verschwindet.

Laß aus diesem Erdmittelpunkt einen Energiestrahl emporwandern, der von unten her durch die Vagina in dein Becken eintritt, in deinem Körper emporwandert. Nimm die Arme nach oben und laß diese Energie durch die Arme bis hin zu den Fingerspitzen aufsteigen und über die Fingerspitzen aus deinem Körper austreten und in die unendliche Weite hinauswandern. Es ist *eine* Energie, die dich vom Becken bis zu den Fingerspitzen durchdringt. Zwischen Himmel und

Erde bist du *ein* Energiefeld. Und nun strecke die Arme so weit wie möglich nach vorne, zur Seite, nach hinten, nach oben.

Schau, wie weit du reichen kannst, ermiß den Globus deiner Reichweite. Aber so weit du dich auch streckst, vergiß niemals, daß du in der Erde verwurzelt, durch das Becken mit dem Erdmittelpunkt verbunden bist. Die äußerste Spitze deiner Finger ist mit dem Innersten der Erde verbunden. So weit du reichen kannst, reicht dein Reich. Es ist dein Handlungsbereich.

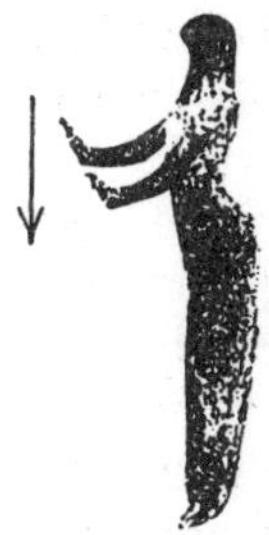

☞ Lege Bauchtanzmusik auf und laß deine Hände, aber auch Kopf und Oberkörper, in den Raum wandern, gleiten. Deine Arme und Hände sind Raum im Raum. Laß sie schweben, sich um sich selbst drehen, sich winden, sich vereinen, dem Körper nähern oder das Weite suchen. Laß sie wie Luftschlangen in der Luft gleiten. Du kannst einen Menschen in diesen deinen Handlungsraum aufnehmen, du kannst ihn fernhalten, abwehren. Mit Händen und Armen kannst du geben und nehmen, umfangen … in diesem Handlungsraum. Sei achtsam, was du mit ihm tust, was du in ihm tust.

☞ Versuche nun den Gefühlsinhalt der einzelnen Melodien zu empfinden und durch Gesten und Mimik auszudrücken. Was fühlst du?

Trauer, Glück, Heiterkeit, Lust, Ergriffenheit? Laß deine Bewegungen, deinen Ausdruck von innen kommen. Später kannst du sie auch vor dem Spiegel entstehen lassen.

☞ Im Bauchtanz gibt es verschiedene Techniken für Arm- und Handbewegungen: Zieh einen Kreis mit der Schulter von vorne nach hinten, der Arm hängt dabei entspannt nach unten. Beim nächsten Schulterkreis wird der Arm ein wenig mit hochgezogen und sinkt dann wieder nach unten. Hebe nun den Arm mit dem Schulterkreis bis zur Waagrechten – das Handgelenk bleibt entspannt, die Hand hängt nach unten – und laß den Arm wieder sinken. Dabei richtet sich die Handfläche auf und entspannt sich erst wieder, wenn der Arm nach unten hängt. Es ist eine weiche Bewegung, die an ein Fächeln im Wasser erinnert.

Übe auch mit dem anderen Arm, und wenn du die Bewegung im Gefühl hast, dann laß beide Arme abwechselnd steigen und sinken, auch die Hände folgen dabei dem Strom der Bewegung: Wird der Arm gehoben, so hängen sie nach unten, sinkt der Arm, so sind sie aufgerichtet; die Handflächen weisen nach vorne.

Wenn du darin sicher bist, kannst du die Arme zur Seite nehmen und – immer aus der Schulter heraus – diese alternierende Bewegung seitlich vollziehen. Subtil und geschmeidig ausgeführt, sehen deine Schultern dann wie eine sich bewegende Schlange aus. Man nennt es »Schlangenarme«.

Auch mit den Händen können die Bewegungen der Schlange nachgeahmt werden.

☞ Ferner gibt es auch Kreise, zum Beispiel Armkreise und Handkreise. All diese Bewegungen kannst du in verschiedenen Ornamenten in deinem ganzen »Handlungsbereich«, eng am Körper, über dem Kopf mit ausgestreckten Armen vollziehen.

Sinn

Mit den Händen können wir »handeln«, und Handlung ist aktiv. Wir können Gegenstände mit ihnen erschaffen und diese Gegenstände mit Werkzeugen, die wir ebenfalls hergestellt haben, bearbeiten. Wir können einen weichen Stein herbeischleppen und mit einem harten Stein behauen. Der Handwerker weiß sich zu helfen, er ist geschickt, »handy«.

Und trotzdem wird Handarbeit schlechter bezahlt als Kopfarbeit! Es ist die Arbeit der Knechte, der Sklaven, der Lohnarbeiter. Erst, wenn die Maschinen die Handarbeit ersetzen und stereotype Meterware produzieren, ist Handarbeit wieder gefragt. Sie hat nun den Reiz des Individuellen, der Kreation.

Hände führen Pläne aus … Verbrechen und Wohltaten. Sie schießen, boxen, träufeln Gift, segnen, heilen, füttern, waschen, streicheln. Unzählige Handlungen können wir mit diesen zehn Fingern vollziehen, je nachdem, mit welchem Gegenstand und mit welchem Werkzeug wir arbeiten.

Aber Handlungen müssen nicht direkt, sie können auch symbolisch wirken: mit dem Zeigefinger drohen, den Mittelfinger zu einem *»fuck you«* emporrecken, mit dem Zeigefinger und Mittelfinger das V für Victory bilden oder einfach pantomimisch bestimmte Handlungen andeuten. Im indischen Tanz ist aus den *Mudras* eine Erzählsprache geworden.

Arme und Hände können auch Gefühle und instinktive Regungen ausdrücken: Abwehr, Bedauern, Sich-Schützen, sehnsüchtig Sich-Recken und Strecken, Ergreifen, Empfangen, Festhalten, Präsentieren und Schenken.

Deshalb, wenn du tanzt, wisse, daß du den ganzen Reichtum der Welt in Händen hältst, den Reichtum aller menschlichen Taten und Empfindungen, den Reichtum deiner eigenen Innenwelt. Der große Armkreis umrundet das All, die kleinen Handkreise sind die Schöpfungswirbel. Wenn du die Handflächen im Halbkreis nach außen wendest, gibst du, wenn du sie wieder nach innen drehst, empfängst du. Und wenn du die linke Handfläche zum Boden wendest, so empfängst du aus der Erde. Wenn du die Rechte zum Himmel richtest, so leitest du nach oben weiter, strahlst aus, gibst.

Nimm den linken Arm nach oben und empfange vom Himmel, wende den rechten Arm nach unten und gib zur Erde weiter.

Das sind die magischen Haltungen, die du auf ägyptischen Reliefs siehst, die im Bauchtanz, im Derwischtanz, im balinesischen und im indischen Tanz vorkommen. Denk an Shivas Tanzhaltung: die linke Handfläche nach unten, die rechte nach oben, das ist gleichzeitig die Ausgangsposition, aus der im balinesischen Trancetanz ein Netz von Schlangenbewegungen gewoben wird. Schlangen und Kreisbewegungen vor dem Körper deuten die Chakrenwirbel an, Schlangenarme lassen dich und dein Publikum spüren, daß die Energie von links nach rechts durch deinen Körper strömt, du hältst nichts fest, durch deine Arme, deine Hände leitest du die Energie der Welt: Das ist der Sinn.

Raumzeit jetzt – hier bin ich (Schritte)

Erfahrung

☞ Stell dir vor, du jagst einem Ziel nach, erst im Laufschritt, dann fängst du an zu rennen, änderst die Richtung, stolperst vielleicht, überspringst ein Hindernis, steigerst die Geschwindigkeit, deine Schritte werden immer länger, die Geschwindigkeit schneller, du bist ganz außer dir, nur das Ziel, das Ziel willst du erreichen, und möglichst, bevor noch ein anderer dort ankommt.

Und nun das ganze umgekehrt. Du stehst oder sitzt vollkommen entspannt am Boden und empfindest innigste Freude nur über eines: dich selbst. Kannst du dir vorstellen, selbst das Ziel zu sein, zu dem sie alle streben, das sie alle berühren, umarmen, festhalten, in sich aufnehmen oder selbst darin verschwinden wollen? Es ist wie in der Geschichte mit dem Hasen und dem Igel: Er war immer schon da!

☞ Geh nun mit kleinen Schritten im Raum umher. Du hebst die Füße kaum, trittst mit der flachen Sohle auf und fühlst dich bei jedem Schritt mit der Erde verwurzelt. Selbst im Gehen bist du nur eine Ausstülpung der Erde. Dann geh abwechselnd auf der flachen Sohle und auf Zehenspitzen. Fühlst du, daß du auch auf Zehenspitzen geerdet sein kannst?

☞ Zeichne mit Schritten geometrische Figuren auf den Boden: Spiralen, Kreise, Achterschleifen, gerade Linien nach vorne, diagonal, zur Seite, Vierecke, Sterne. Bleibe bei einer Figur, schreite sie langsam ab, dann schneller und schneller. Haben sich nun der Raum oder die Zeit verändert?

☞ Im Bauchtanz gibt es kaum Sprünge oder raumdurchquerende Läufe. Die Schrittechniken sind einfach: Es gibt

Schritte auf Zehenspitzen und auf der flachen Sohle, Schritte nach vorne, zur Seite, nach hinten, überkreuz, abwechselnd nach vorne oder hinten überkreuz oder Kombinationen davon. Und dennoch gibt es unzählig viele Schritte, denn fast alle Hüft-, Oberkörper- und selbst Armbewegungen können mit Schritten kombiniert werden.

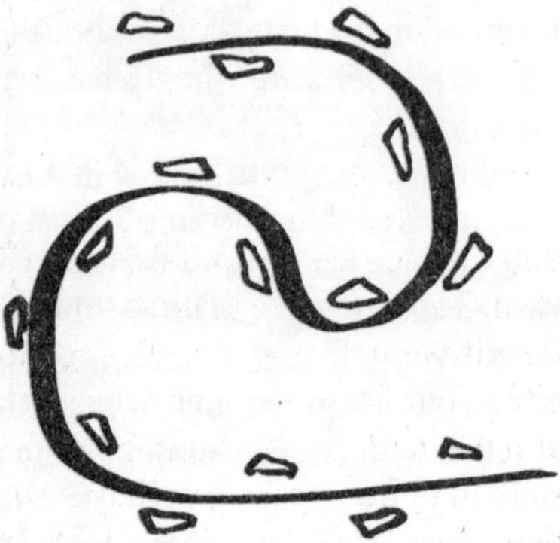

Sinn

Die Füße verbinden uns mit der Erde. »Bleib auf dem Teppich!« sagt man, oder: »Bleib auf dem Boden der Tatsachen«. Sie »steht mit beiden Beinen fest auf der Erde« oder »hebt ab«, sie »blickt zu den Sternen und verliert den Boden unter den Füßen«. Aber die Schritte erschließen auch den Raum, und in die Erfahrung des Raumes ist die Erfahrung der Zeit miteingewoben: Die Zeit eilt, die Arbeit geht »schleppend« oder in »Riesenschritten« voran, läuft wie von selbst usw.

Schritte drücken die soziale Position eines Menschen aus: Man schreitet, geht im Laufschritt, tänzelt oder schleppt die Füße in Ketten vorwärts. Auch der Charakter eines Menschen drückt sich im Gang aus. Er kann »sprunghaft«, »knieweich« oder ein »Leichtfuß« sein, der im Notfall die »Beine unter die Achseln« nimmt, was ihn im Notfall davor bewahrt, zu »straucheln« oder »sozial abzusteigen«.

Natürlich ist unsere Beziehung zur Erde dann am stärksten, wenn wir barfuß gehen, barfuß auf Kies, Sand, Lehm, Gras. Auf diese Weise nehmen wir die Energie der Erde am intensivsten in uns auf, und die kleinen Steinchen und Körner massieren die Reflexzonen aller Organe unseres Körpers, die auf der Fußsohle angeordnet sind.

Jeder Schritt ist heilsam, ganz im Gegensatz zu den Wegen, die wir in modischen Schuhen zurücklegen, in denen der Fuß gequetscht, eingeklemmt, verkrüppelt wird. Durch ununterbrochenes Tragen von hohen Absätzen verkürzen sich Muskeln und Sehnen in den Waden, es kann zu Blasen- und Nierenschwierigkeiten kommen (da die entsprechenden Meridiane gestört werden).

In den alten Zeiten war das Lösen der linken Sandale ein weibliches Ritual, und die Frauen beteten linksseitig barfuß zur Göttin. Die karthagisch-phönizische Königin Dido zum Beispiel tat es, als sie Äneas Lebewohl gesagt hatte. Die linke Fußsohle ist die rezeptive, Erdenergie wird durch sie aufgenommen. Diese Szene habe ich oft auch im Traum erlebt.

Im Bauchtanz wird grundsätzlich barfuß getanzt, nur so ist das komplexe Spiel der Hüften, das subtile Knietechnik erfordert, auch wirklich möglich. Manche moderne Bauchtänzerinnen tragen inzwischen Stöckelschuhe, aber das läßt sie nicht erotischer erscheinen, ganz im Gegenteil, die Hüftbewegungen werden dadurch steifer, genauso wie auch die erotischen Reflexzonen um die Knöchel unbeweglich werden.

Aber der Schuh ist natürlich ein Sexsymbol, ein Fetisch gewissermaßen, der die Vagina darstellt, während der Fuß zum Phallus wird ... für die Fetischisten. Der Ausdruck: »Mal sehen, wo der Schuh drückt« verrät die Wichtigkeit des Schuhes für das gesamte Wohlbefinden, und dieses Wohlbefinden ist deutlich gestört, wenn jemand so getadelt wird, daß er »in keinen Schuh mehr hineinpaßt«. Wenn jemand eine

Kritik annimmt, so sagt man, »er hat sich den Schuh angezogen«. Aschenputtel war die Richtige, sie paßte zum Prinzen, weil der Schuh ihr paßte. Warum wurden die Füße der Chinesinnen eingebunden und eingezwängt, und das zu einer Zeit, wo sie nur die Erde hatten und nicht, wie Mao formulierte, auch die »Hälfte des Himmels«? »Bis zum Himmel reicht meine Hand«, sagt Inanna in einem sumerischen Hymnus, »mein Schritt mißt die Erde aus ...«.

Der Kontakt zur Erde, das Weglaufen oder Angreifen wurde ihnen verwehrt, ebenso wie den Sklaven, die mit Ketten an den Füßen auf den Feldern arbeiten mußten.

Durch Fußwaschungen drückte man in der Antike Verehrung oder Fürsorge für bestimmte Personen aus. Der Papst tut es am Gründonnerstag noch heute und vollzieht damit den Bibelbericht nach, aber auch in der Türkei und in arabischen Ländern waschen Töchter ihren Eltern oder Schwiegereltern manchmal die Füße – als Zeichen der Verehrung.

Die Füße sind auch erotisch besetzt. Zusammen mit Augen und Händen sind sie die einzigen Körperteile, die unter einem Vollschleier hervorkommen. Auch im Bauchtanz sind Füße, Beine und Schritte enorm wichtig, aber nicht, um Entfernungen zurückzulegen, Ziele zu erreichen oder sich gar vom Boden zu heben ... Warum sollte das Ei den Geißelschwänzchen nachlaufen? Vielmehr dienen die Schritte dazu, den Körper in immer neuen Formen und Figuren der sakralen Geometrie (Kreise etc.) mit der Erde zu verbinden.

Ganz spontan ergab sich sakrale Geometrie, als ich einmal vor jungen Palästinensern tanzte. Drei von ihnen sprangen begeistert auf die Tanzfläche, knieten und klatschten mit den Händen, und ich zog immer schnellere Kreise um diesen Mittelpunkt. Es war wie eine riesige Vergrößerung von Lingam (Glied) und Yoni (Vagina), uralt, archetypisch und ekstatisch zugleich. Die Begeisterung wuchs, je länger ich sie umkreiste.

Durch Schritte wird die Hüfte in immer neuen Formen präsentiert, vor allem aber verbinden sie Raum und Zeit zu einem innigen Geflecht, in dem die Bewegung der Tänzerin sich entfalten kann. Raum, Zeit und Erde sind in dir vereint, wenn du im Rhythmus deine Schritte setzt. Das ist der Sinn.

Der Zyklus – die heilige Zahl (Rhythmus, Rhythmen)

Erfahrung

☞ Nimm eine Trommel, im Notfall auch einen Eimer oder Kochtopf, und erzeuge Rhythmen. Zuerst immer nur rechts/links, rechts/links, rechts/links. Im Lauf der Zeit kannst du schneller werden. Achte darauf, daß du gleichmäßig bleibst.

Nimm dann einen Dreierrhythmus rechts/links/links, rechts/links/links, rechts/links/links. Spiele ihn gleichmäßig und im Lauf der Zeit dann schneller und schneller.

Dann der Viererrhythmus: rechts/links/links/links, rechts/links/links/links, rechts/links/links/links.

Dann der Fünferrhythmus nach dem Schema: rechts/links/links/rechts/links, rechts/links/links/rechts/links.

Dann der Sechserrhythmus nach dem Schema: rechts/links/rechts//links/rechts/links, rechts/links/rechts//links/rechts/links.

Der Siebenerrhythmus: rechts/links/links/rechts/links/rechts/links.

Und schließlich ein Achterrhythmus: rechts/links/links/links//rechts/links/links/Pause.

Das sind natürlich einfache Grundformen, die abgewandelt und verziert werden können, aber hier geht es nicht um technische Vollendung, sondern um Wahrnehmung.

Wenn du dich eingespielt hast, kannst du dein eigenes Trommeln auf Kassette aufnehmen und dich zu den selbstgespielten Tönen bewegen. Höre dich ein und finde dabei zum jeweiligen Rhythmus eine passende Bewegung. Bemerkst du dabei einen Unterschied in der Qualität der geraden und ungeraden Rhythmen? Welchen?

☞ Nimm zwei klingende Gegenstände, also beispielsweise eine Metallschale und einen Löffel oder irgendein Holzstäbchen und laß aus deinem Gefühl einen Rhythmus entstehen, der dir jetzt gerade liegt. Er muß weder gleichmäßig noch »richtig« sein. Geh damit im Raum herum. Erschließe den Raum mit diesen selbsterzeugten Klängen, und laß auch deinen Körper zu diesen Klängen tanzen, sich bewegen. Du kannst auf diese Weise auch die Energien in einem Raum reinigen.

☞ Im Idealfall kannst du dabei auch Fingerzimbeln verwenden, eine Art Kastagnetten aus Metall, mit denen die orientalische Tänzerin sich selbst begleitet. Das sind vier kleine Metallschalen, die an beiden Händen auf Mittelfinger und Daumen befestigt werden und dann abwechselnd in verschiedenem Muster geschlagen werden. Wenn du Zimbeln hast und die Gummis an den Fingern nicht gut sitzen, so zieh dir selbst Gummis ein. Zieh sie mit einer Häkelnadel schlaufenförmig durch das Loch, so daß die Schlaufe außen sitzt. Schau, ob sie fest genug an Mittelfinger oder Daumen sitzt.

Wenn sie passen, so fixiere die Schlaufen mit einer Stecknadel unmittelbar über dem Metall und verknote die beiden Enden auf der Innenseite. Schneide sie so kurz ab, daß der Knoten den Klang nicht dämpft. Im Notfall kannst du ihn mit etwas Klebstoff fixieren. Versuche nun den Rhythmus: *lang*/kurz/kurz/*lang*/kurz/kurz/ bzw. *rechts*/rechts/links/ *rechts*/rechts/links, und ohne Unterbrechung immer so weiter. Übe diesen Rhythmus längere Zeit und improvisiere dazu Schritte und isolierte Bewegungen des ganzen Körpers.

☞ Lege Bauchtanzmusik auf und höre dich in die verschiedenen Rhythmen ein, die für den Bauchtanz typisch sind. Am gebräuchlichsten sind Achterrhythmen, durch ihre Zweiteilung (der erste und fünfte Taktteil wird betont) sind sie für Achterbewegungen geeignet.

Aber wenn du zu diesen Rhythmen gehst, solltest du sie in je vier Schritte aufteilen. Ungerade Takte sind im Bauchtanz selten, sie kommen aber in türkischen Zigeunertänzen vor.

Sinn

Ein »taktvoller« Mensch weiß sich zu benehmen. »Taktlosigkeit« hingegen ist ein Verbrechen wider den »Atemrhythmus« der gegenseitigen Erwartungen.

Bei akustischen Experimenten erkannte man, daß ein Trommler, selbst wenn er ruhig und ausgeglichen ist, niemals kontinuierlich spielen kann. Selbst wenn er immer nur rechts/links, rechts/links spielt, stellen sich Muster, Gruppen von verschiedenen Schlägen zusammen, die für den normalen Hörer nicht wahrnehmbar sind. Erst in der optischen Darstellung werden sie sichtbar. Und wir alle wissen, daß gleichmäßige, mechanisch erzeugte Geräusche zur Folter werden können, wenn ihre Frequenz nicht der eigenen Wellenlänge entspricht.

Unser Leben verläuft in Rhythmen, in Mustern, die sich zyklisch wiederholen. Davon spricht auch die Astrologie: Am bekanntesten sind die Zyklen von Sonne und Mond, aber auch Saturn. Jedes Jahr zum Geburtstag vollendet sich ein neuer Sonnenzyklus, die Sonne scheint über den Ort zu wandern, an dem sie bei der Geburt dieser Person stand. Die Mondzyklen beherrschen viele vegetative Prozesse, etwa das Laichverhalten der Fische, das Pflanzenwachstum, den weiblichen Hormonzyklus, wie auch die Frequenz von Autounfällen und Kriminalität. Wenn der Saturn nach achtundzwanzig bzw. sechsundfünfzig Jahren an den Ort zurückkehrt, wo er bei der Geburt eines Menschen stand, so wird dadurch ein Zyklus sozialer Reifung im Sinne von Verantwortlichkeit geschlossen.

Die bekanntesten Körperrhythmen sind der Herzrhythmus, der Atemrhythmus, aber entsprechend der chinesischen Medizin haben auch die anderen Organe und ihre jeweiligen Elemente rhythmische Tageshochs. So ist die Zeit von Niere und Blase von fünf bis neun Uhr abends und die Leber-Galle-Zeit von elf bis drei Uhr morgens. In diesen Zeiten sind die betreffenden Organe besonders gut fähig, sich zu regenerieren. Deshalb wird die chinesische Ärztin die passende Zeit wählen, um auf die Störung einzuwirken.

Unser ganzes Leben verläuft also in Zyklen, die sich überlagern, manchmal hemmen, manchmal stärken. Das Auf und Ab unserer Gefühle, unserer körperlichen Kraft hängen davon ab.

Und die Trommel ist suggestiv. Die Trommlerin hat Macht über die Menschen, die sich in ihrem Klangbereich aufhalten.

Das Temperament der verschiedenen Trommler ist unverwechselbar. Unter den Händen des einen Trommlers entsteht das gleichmäßige Trappeln von Pferdehufen, die über die Steppen Asiens traben, bei manchen überwiegt dumpfes, erdiges Rollen ohne Ende, manche sind spritzig, lebendig, heftig, leidenschaftlich! Ein- und derselbe Rhythmus kann ganz verschieden klingen, je nachdem, wer ihn spielt.

Auch das Material, aus dem die Trommel gefertigt ist, wirkt: Ob es Baumstämme sind, die mit Ziegen-, Antilopen- oder Tigerfell bezogen sind – der Geist des Tieres, des Baumes wird durch das Spiel, durch die Impulse aus den Händen der Trommler lebendig! Ob ich zu einer Tontrommel mit

Fischhautbespannung oder einer Holztrommel mit Ziegenfell tanzte – ich konnte den Unterschied in meinen Bewegungen spüren. Die Tontrommel ließ meine Bewegungen feiner und bewußter werden, die Ziegenfelltrommel machte sie kraftvoller, energischer, aber auch gröber.

Ein Metallkörper erzeugt Schärfe, Klarheit; aber auch der Charakter der einzelnen Metalle ist unterschiedlich. Kupfer gibt Wärme, Aluminium klingt flach und dünn, Messing ist springlebendig. Darabukas werden heute oft mit Plastik bespannt, was den Klang zwar »fetzig«, aber auch steril werden läßt.

Die Trommel wirkt auf das Bewußtstein. Die Trommlerin hat Macht, ist potent. Jeder Schlag ist ein Impuls, der im weichen, rezeptiven Bewußtsein des Publikums, aber auch im Körper der Tänzerin widerhallt. Je gleichförmiger der Rhythmus ist, je länger er gespielt wird, um so mehr bringt er die Teilnehmer in Trance, und ihre Körperrhythmen, ihre persönlichen Gedanken, Sorgen, Überlegungen werden durch den einen Rhythmus ausgelöscht, der in ihnen wirkt, dem sie sich ausgeliefert haben. So kann man es beim Zar, einem ägyptischen Trancetanz, erleben (Dum Tak Dum Pause), am deutlichsten aber bei der Marschmusik!

Die größten und »schlagkräftigsten« Militärkapellen wurden im Osmanischen Reich ins Feld geschickt. Bei diesen Kriegszügen marschierten Orchester von bis zu hundert Mann voraus, die mit schweren, dumpfen Beckentrommeln und hellen, scharfen Klangwirbeln einen Höllenlärm erzeugten. Die Kampfmoral der türkischen Krieger wurde dadurch gestärkt, die Feinde gerieten in den Bann ihrer Gegner, indem ihr Unterbewußtes durch deren Trommelschläge strukturiert wurde.

Und im Tanz? Entspanne dich, laß die Trommelschläge auf dich wirken, ohne etwas zu tun, ohne dich zu bewegen. Du wirst bewegt, und je offener und rezeptiver du bist, um so perfekter wird dein Körper die Trommelimpulse in Bewegung umsetzen. Trotzdem, laß dich nicht tyrannisieren! Ruhe in dir selbst, auch wenn stürmische, galoppierende, mitreißende Klangteppiche deinen Körper erfassen und in ein Feuerwerk verwandeln. Jeder Schlag wirkt auf dich ein, und gleichzeitig bist du es, die alle Impulse miterzeugt. So webst du zusammen mit deinem Trommler ein erotisches Sternengewand, einen leuchtenden Pfad subtiler Explosionen, in denen ihr beide sowohl Schöpfer seid als auch Geschaffene. Und in diesem kosmischen Spiel, dem Spiel aller Welten und Zeiten vereint sich das Bewußtsein aller, die zugegen sind in einem einzigen schöpferischen Bewußtsein. Das ist der Sinn.

Der farbige Raum – das Seelenheil (Melodien, Instrumente)

Erfahrung

☞ Entspanne dich, laß den Kopf vom Kniesitz aus nach vorne bis zum Boden sinken, laß ihn vor den Knien auf dem Boden ruhen.

Auch die Handrücken liegen am Boden neben den Füßen, die Handflächen zeigen nach oben. Entspanne dich, zentriere dich im Becken und laß aus dem Becken einen tiefen Ton entstehen. Richte dich dann langsam, Wirbel für Wirbel auf, bis der ganze Oberkörper senkrecht auf dem Becken ruht, und laß dabei deine Stimme kontinuierlich bis zum höchsten Ton aufsteigen, der aus deinem Körper entsteht.

Laß beliebige Töne aus deinem Körper entstehen und stelle dir vor, daß sie in bestimmten Teilen deines Körpers widerhallen: Im Arm, im Brustkorb, im Fuß, im Knie, im Halsansatz ... »Wasche« deinen Körper mit den Klängen, die sich vor deinem inneren Auge vielleicht auch in Farben darstellen.

☞ Laß einen beliebigen Ton entstehen, laß ihn längere Zeit klingen, schließe die Augen und laß eine Farbe vor deinem geistigen Auge aufsteigen. Wiederhole dies mit verschiedenen Tönen.

☞ Laß ein bestimmtes Gefühl in dir entstehen: Glück, Angst, Trauer, Heiterkeit ... Konzentriere dich auf dieses Gefühl, laß es immer dichter werden und beginne dann, aus diesem Gefühl zu singen.

Laß deiner Stimme freien Lauf, die Klänge kommen von selbst aus deinem Gefühl.

☞ Wenn du dies mehrere Male intensiv durchgeführt hast, kannst du eine solche Sequenz oder mehrere auf Kassette aufnehmen und dich selbst zu diesen Klängen bewegen. Prüfe, ob das Gefühl, aus dem du sie geschaffen hast, sich deutlich genug in der Musik widerspiegelt, so daß du genau dieses Gefühl in Mimik und Gestik ausdrücken kannst.

☞ Laß nun eine Reihe von klassischen europäischen Musikstücken spielen (z. B.) und bewege dich dazu. Laß dann orientalische Musik abspielen und bewege dich zu ihr. Wahrscheinlich wirst du feststellen, daß die europäische Musik eher nach außen gerichtete Bewegungen stimuliert, die orientalische Musik dagegen eher binnenkörperliche Bewegungen, die das innere Raumgefühl stärken. (Obwohl es natürlich in beiden Musiktraditionen auch Beispiele für das Gegenteil gibt.)

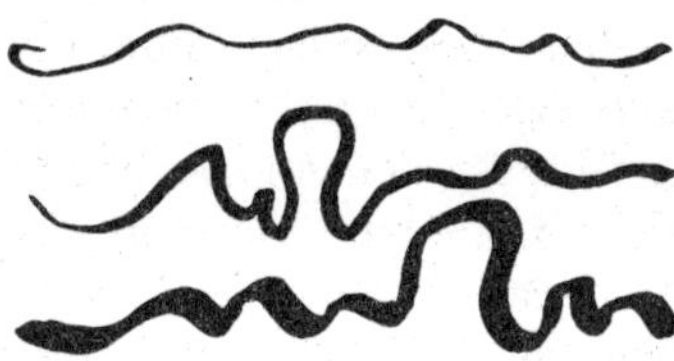

Sinn

Wenn jemand mit »tonloser« Stimme spricht, so sind seine Gefühle, seine Wünsche, sein Lebenswille erstorben. Der Klang der Stimme aber läßt uns erkennen, in welchem Bewußtseinszustand eine Person sich befindet, ob sie erregt, heiter, traurig, zufrieden, empört ist usw. Und dabei kommt es oft auf Nuancen an, auf »Untertöne« und »Zwischentöne«. Wer etwas »betont« oder mit »Bestimmtheit« sagt, kann sich durchsetzen, auch wenn er damit eine harmonische »Stimmung« unterbricht. Aber es geht um »Mitbestimmung«. Wenn man eine Information bekommt, sagt man vielleicht: Das »klingt« aber gut! Oder: Das »stimmt« nicht! Am Klang der Stimme hört man, ob jemand die Wahrheit spricht oder ob seine Stimme ihn verrät. Aber bei wissenschaftlichen Diskursen achtet man weder auf Stimmen noch auf Stimmung, der räsonierende Körper muß sich dem räsonierenden Verstand unterwerfen, und deshalb wiegt sich dieser Verstand in der Illusion, er stünde außerhalb dieser pulsierenden, bunten, flutenden Welt, die er erklären und beherrschen will. Aber diese gesamte Welt besteht aus Schwingungen, und alles, was lebt, erzeugt Töne, also Signale aus Schwingungen, auch wenn wir sie nicht immer hören.

Erst, wenn Wissenschaftler bereit sind, dem Klang ihrer eigenen Stimme nachzulauschen, werden sie beginnen, sich selbst als Teil der Welt zu empfinden, die sie erklären wollen, erst dann wird der Schein der Objektivität fallen, erst dann wird Wissenschaft »stimmig« werden!

In der keltischen, aber auch in der indianischen Tradition war es ein Ziel jedes Menschen, sein eigenes Lied zu finden, das heißt: seinen eigenen Platz in den Schwingungsmustern der Umwelt. Schwingungen wirken auf Körper ein, die selbst wieder zu Klangkörpern werden. Schwingungen können Stoffe verändern, Atomstrahlung kann Zellen zerstören, auch Krebszellen. Und mit musikalischen Frequenzen kann man töten, stören, heilen oder zur Glückseligkeit führen. Schon der Klang der mütterlichen Stimme kann beim Kleinkind Angst, Gewissensbisse, Zufriedenheit, Begeisterung erwecken.

In der orientalischen Musik gibt es ein ausgearbeitetes System von Tonfolgen, die, exakt und sensitiv gespielt, körperliche und psychische Störungen heilen können. So wirkt der Maqam Rast auf Augen, Kopf und Denken ein, Maqam Beyati auf das Herz, er erzeugt Glück und Heiterkeit, Maqam Hidschas auf die Sexualorgane. Maqam Huseini bezieht sich auf Herz, Magen und die linke Schulter, Maqam Buselik lindert Gelenkschmerzen und wirkt auf Brust, Bauch und Blutzirkulation. Maqam Rehavi bezieht sich auf die linke Schulter, hilft bei Kopfschmerzen und Geisteskrankheiten und Maqam Uschschak schafft Glückseligkeit, Gefühle der Liebe und hilft bei Muskelschmerzen.

Es gibt über dreihundert Maqame. Sie werden jeweils auf einem bestimmten Ton aufgebaut und bewegen sich in Ganz-, Halb- und Vierteltönen durch die Oktave. Aufgrund der Vierteltöne werden auch sehr feine Schwingungsnuancen und Stimmungen erreicht.

Diese Maqame tragen zum Teil die Namen von Städten oder Landschaften: Nihavend ist eine persische Stadt, Hijaz die Gegend um Mekka. Oder es gibt einen Maqam Kurdi, also die kurdische Grundstimmung.

Auch aus der griechischen Tradition sind landschaftliche oder stammesmäßig definierte »Tonleitern« bekannt, z. B. die phrygische oder dorische Tonleiter. Bei den Kelten soll es Lieder gegeben haben, mit denen man Menschen töten oder in süße Gefühle wiegen konnte. Allerdings ist davon nur wenig erhalten geblieben, z. B. jener aufpeitschende Kriegsmarsch von Clontarf, der von Hunderten von Harfenisten gespielt wurde und den irischen Kelten 1040 zum Sieg über die Wikinger verhalf. Im 19. Jahrhundert wurden ungarische flötenspielende Hirten von der Donaumonarchie hart bestraft, weil sie mit ihren traurigen Melodien angeblich das Volk zum Aufruhr anstachelten.

Weihevolle, meditative, heitere, magische, morgendlich lebendige oder abendlich beruhigende Stimmungen kennen wir auch von den indischen Ragas, und in Uganda gibt es eine Flöte, »Ndere« genannt, auf der man ebenfalls verschiedenste Seelenstimmungen ausdrückt: Wehmut, Glück, Erregung, Feierlichkeit usw. Die Wirkung der Musik auf die Seele ist also seit langem bekannt.

Die Wirkung ist stark, aber der Klang verhallt mit dem Wind: Natürlich ist es schwer, über die Musik vergangener Kulturen mit wissenschaftlicher Genauigkeit Aussagen zu machen. Wie genau die Musik des alten Ägypten, Arabien, Kanaan, Mesopotamien, Anatolien, Persien, Indien vor 3000 Jahren geklungen hat, ist nicht bekannt und kann nur indirekt erschlossen oder vermutet werden. Etwa aus den Quellen über die Art der Musikausübung, die verwendeten Instrumente (aufgrund von Reliefs u. ä.) oder aus Vergleichen von noch lebenden Traditionen in verschiedenen geografischen Regionen.

Sicherlich hat es auch in diesen »frühen« Zeiten Austausch von musikalischen Formen gegeben, genauso wie in unserer Zeit, wo seit dem Krieg afroamerikanische Musik aus Amerika nach Europa kam oder europäische klassische Musik von Japaner(inne)n in Japan gespielt wird. Es gab von jeher und dann besonders in der Ära des Hellenismus (die Nachfolgereiche Alexanders des Großen, das der Seleukiden in Syrien und den angrenzenden Gebieten, das der Ptolemäer in Ägypten und seiner Einflußsphäre; beide sind schließlich im Römischen Reich aufgegangen) einen regen Handel und Kulturaustausch.

Ich nehme an, daß das Flötenspiel der griechischen Hetären um 400 v. Chr. sich nicht allzusehr vom Flötenspiel der arabischen Quainas in Mekka um 600 n. Chr. und der osmanischen Haremsmusikerinnen um 1600 n. Chr. unterschieden hat. In der hellenistischen Zeit ließen Priesterinnen der Kybele in Smyrna (Izmir) rasende Zimbelchöre erklingen, heute sind es die Zigeunerinnen von Sulukule in Istanbul, in deren Händen das blitzende Messing Klangfunken sprüht.

Im Altertum jedenfalls wurde Musik oftmals von Frauen gemacht, bei ekstatischen Mondfesten, bei religiösen Feierlichkeiten, in späterer Zeit aber auch bei Trinkgelagen mit reichen Männern.

Dann kam das Christentum. Als es vom römischen Kaiser Konstantin zur Staatsreligion mit Sitz in Konstantinopel (Istanbul) gemacht worden war, begann die Repression der früheren »heidnischen« Kunst- und Kulturformen.

Die Akademie von Athen wurde geschlossen, die berühmteste Philosophin, Hypatia von Alexandria, wurde von fanatischen Mönchen in einer Kirche mit Muscheln zerschnitten. Um 400 wurden auch die letzten Göttinnentempel Kleinasiens »geschlossen«. Wie mag das wohl vor sich gegangen sein?

Von einer einstmals reichen Tradition blieben nur noch monotone Männergesänge, die durch die hohen Stimmen von männlichen Kastraten aufgelockert wurden.

Diese christliche Repression führte zu einem Exodus von Künstlern, Wissenschaftlern, Musikerinnen und Tänzerinnen ins persische Sassanidenreich. Dort durften sie weiter aktiv sein. Und dort wurde auch das »orientalische« Tonsystem zum erstenmal kodifiziert:

> »Nach ziemlich übereinstimmenden Überlieferungen soll es das Verdienst Barbadhs ... gewesen sein, die verschieden ›Systeme‹ der iranischen Musik- und Gesangstraditionen bestimmt ... zu haben. Demnach habe er im wesentlichen die iranische Musik in sieben ›Systeme‹, ›Khosrovani‹, in der islamischen Folgetradition auch ›Maqamat‹ oder ›Dastgah‹ genannt, und in dreißig Tonalitäten (Alhan) sowie in dreihundertsechzig Melodien (Dastan) eingeteilt ... Die Meisterschaft Barbadhs bei der Darbietung einiger ›Dastan‹ und ›Alhan‹ bestand darin, bei seinen Zuhörern fein nuancierte Gefühlszustände herbeizubeschwören, z. B. ›Fröhlichkeit‹, ›Traurigkeit‹, ›Melancholie‹, ›Trost‹, ›Ekstase‹, ›Schlaf‹ oder ›Lachen‹ und dergleichen mehr.« (Leyla Rastegar-Davoudian, ›Sama‹, Kult der tanzenden Derwische, Wien, 1984, Dissertation, S. 79)

Doch die nachhellenistische Musiktradition des persischen Hofes währt nur wenige Jahrhunderte. Bereits 651 brechen die islamischen Heere in Persien ein. Die Paläste und Residenzen werden geplündert und zerstört, viele Musiker erschlagen, die Überlebenden zerstreuen sich, und dadurch wird die höfische Musiktradition auch im Volk verbreitet.

> »Nur so kann man die bisher nicht befriedigend gelöste Frage, nämlich wo und bei wem die jüngere Generation der muslimischen Musiker, Sänger und Tänzer(innen) zu neuen Meistern herangebildet worden waren, gründlicher beantworten, jene Generation also, die zunächst aus den Gefangenenlagern in Arabien, Mekka und Medina hervorging, dann zu dem omayadischen Hof in Damaskus und später auch zu denen der Abbasiden in Bagdad und Basra Zugang fand.« (ebd. S. 82)

An den Höfen wurde die Musiktradition gepflegt, Künstler wurden geachtet und unterstützt, religiöse Führer aber wandten sich gegen die Musik:

> »Mit dem Aufkommen des Hanbalismus während der Regierungszeit von Al-Watiq (842–847) in Bagdad wurde der Tradition von Musik und Gesang (im Arabischen: ›gana‹) ein einschneidendes Verbot gesetzt, Künstler wurden verfolgt, verhaftet oder des Landes verwiesen und ihre Ausbildungszentren in den bedeutendsten arabischen Städten in Brand gesetzt. Es folgten auch eine Reihe theologischer Schriften, die mit radikal ablehnendem oder stark einschränkendem Urteil die als ›weltlich‹ und ›teuflisch‹ bezeichneten ›gana‹-Traditionen verurteilten und somit die Künstlerverfolgung legitimierten.« (ebd. S. 57)

Warum wandten sich religiöse Instanzen in Christentum und Islam gegen die Musik? Vielleicht, weil sie bei Trinkgelagen unentbehrlich war (»Wein, Weib und Gesang«), weil sie erotische Hemmschwellen abbauen und unkontrollierbare Trancezustände erzeugen kann?

Jedenfalls ist es höchst ungenau, bei diesen Maqamen von »arabischer« oder »islamischer« Musik zu sprechen, wie es hierzulande aus Mangel an Information mitunter geschieht.

Wie die Musik im alten Arabien tatsächlich klang, darüber ist wenig bekannt. Zur Zeit Mohammeds jedenfalls war der persische Einfluß auf der Arabischen Halbinsel stark, und wir können vermuten, daß die zahlreichen Musikerinnen und Tänzerinnen in den Städten die Maqame kannten.

In Mekka gab es sogenannte *Muchannathun;* das waren Transvestiten, die in Frauenkleidung weibliche Tänze und Gesänge nachahmten und dabei erotische Lieder sangen. Dieser Art der Travestie ist auch von asiatischen Schamanen und von anatolischen Kybelepriestern bekannt. Er geschieht ursprünglich zu kultischen Zwecken: Nur als Frauen verkleidet, konnten Männer der Göttin dienen oder als Priester oder Schamanen wirken. Es wird überliefert, daß Mohammed sich gegen diese Bräuche wandte und aus diesem Grunde Musik eher ablehnte. Manche Moslems behaupten heute, daß der Prophet nicht gesungen habe, und daß deshalb Musik für einen guten Moslem verboten sei. Andere Moslems behaupten wiederum, daß er Musik geliebt habe. »Wenn ich gewußt hätte, daß der Prophet zuhörte, hätte ich meine Stimme mehr verziert«, soll ein Zeitgenosse Mohammeds einmal gesagt haben. Ohne intensives Quellenstudium (auf arabisch!) kann man darüber nichts aussagen.

Bestimmte Maqame jedenfalls wurden für religiöse Zwekke ausgewählt und nur diesen Zwecken vorbehalten. Und so gibt es in der orientalischen Musik verschiedene Genres: religiöse Musik; klassische Musik, die komplexe rhythmische und melodische Aufbauschemata enthält; ferner anspruchsvollere Musikkompositionen für den orientalischen Tanz und schließlich die folkloristische Musik verschiedener Regionen. Neuerdings kommen auch europäisierte Diskomusik und orientalischer Jazz dazu.

Im großen und ganzen ist die arabische Musik monophon, d. h. dieselbe Melodielinie wird von mehreren Instrumenten gleichzeitig oder auch nacheinander gespielt. Mit fünf Instrumenten ist eine Musikgruppe komplett: erstens die Trommel als Grundlage, zweitens die Flöte, drittens die Laute, viertens die Zither und fünftens ein Streichinstrument wie Geige oder Langhalsgeige. Es gibt aber auch Orchester, die mehr als zwanzig Spieler umfassen.

Die Melodieinstrumente ergreifen die Zuhörerschaft auf einer ganz bestimmten Ebene. Während die Trommel eher die Instinkte bewegt, mobilisieren die Streich- oder Zupfinstrumente das individuelle Tagesbewußtsein, die Flöte aber *(ney)* gilt als die Seele unter den Instrumenten, sie erweckt den inneren Raum, das spirituelle Bewußtsein. Natürlich können diese Wirkungen auch abgewandelt sein, etwa durch die Melodie, die gerade gespielt wird, den Anlaß, zu dem dies geschieht, den Spieler, das Publikum.

Im Laufe der orientalischen Geschichte haben immer wieder Frauen eine wichtige Rolle in der Musik gespielt. An den Omaiaden- und Abbasidenhöfen und später in den Harems des Osmanischen Reiches waren es immer wieder Frauen, die als Musikerinnen die Atmosphäre bestimmten. Und man kann sagen, daß die Welt der orientalischen Musik weiblich ist. Selbst das Trommeln, das in manchen Gegenden des heutigen Afrika Frauen verboten ist, läßt sich durch eine Bibelstelle illustrieren: »Und Miriam ergriff die Trommel und führte den Zug an.«

Frauen bestimmten die Stimmung, Frauen erhoben die Stimme, und auf einem ägyptischen Papyrus heißt es: »O Göttin, wunderbar ist es, deine Stimme zu hören.«

Das stimmt nachdenklich, wenn wir dabei an unsere Parlamente, unsere Gerichtshöfe, unsere religiösen und wissenschaftlichen Institutionen denken, wenn wir daran denken, daß das aktive Stimmrecht für Frauen bei uns erst vor etwa hundert Jahren eingeführt wurde.

Musik heilt die Seele, Stimmungen lassen die Welt in Farbtönen und Tonfarben aufleuchten. Laßt uns deshalb eintauchen ins Meer der Musik, damit unsere historische Verstimmung, unsere historische Tonlosigkeit geheilt wird.

Schwingung ist Leben: Das ist der Sinn.

Glänzender Schein – das göttliche Sein (Kostüm, Schleier, Schminke, Schmuck und Duft)

Erfahrung

☞ Lege eine dir angenehme Musik auf und bewege dich nackt vor dem Spiegel. Sei unbestechlich! Sind all deine symmetrischen Bewegungen wirklich symmetrisch, gleitet eine Figur übergangslos in die andere? Ist es *eine* Energie, die von der Zehenspitze bis zur Fingerspitze, von der Vagina bis zum Scheitel reicht, ist es ein schimmerndes Energiegewebe oder ist es löchrig, schütter, unvollständig?

Bewege dich und laß deine Energie fluten, vom Scheitel bis zur Sohle, und alle deine Bewegungen sind sanft, langsam und nachhaltig und erzeugen ein immer stärker werdendes Energiefeld um dich.

☞ Betrachte deinen Körper unbestechlich und kritisch. Gibt es irgend etwas an ihm, was dir nicht gefällt ... Füße, Beine, Bauch, Busen, Arme, Hals, Nase, Haare usw.?

Nimm dir vor, alles, was dir an dir nicht gefällt, doch zu akzeptieren, auch und gerade wenn es den allgemein gängigen Vorstellungen von Schönheit nicht entspricht. Nimm es als Ausdruck deiner persönlichen Lebensgeschichte, deiner persönlichen Seelenverfassung und akzeptiere das, was dir häßlich erscheint, als schön und sinnvoll.

Lege dann ein großes Tuch wie einen Schleier um dich, verhülle dich vollständig bis auf die Augen. Wie fühlst du dich ... geheimnisvoll, wichtig, kostbar, unerreichbar, eingesperrt? Würdest du dich verschleiert auf die Straße wagen ... hier in Europa?

Obwohl du mit einem Schleier persönlich anonym bist, braucht es Mut. Und nur so können wir ermessen, wieviel mehr Mut es erforderte, als sich die ersten orientalischen Frauen unverschleiert, also persönlich identifizierbar, auf der Straße zeigten (etwa ab 1915). In Ländern wie dem damaligen Turkestan war es (vor dem Sieg des Kommunismus) lebensgefährlich.

☞ Binde dir ein durchsichtiges Tuch nur um den Kopf und drücke ohne Mimik nur mit deinem Körper Gefühle aus. Laß aus jeder Zelle, aus jeder Pore deiner Haut das Gefühl hervorkommen, auf das du dich gerade konzentrierst. (Diese Übung ist auch in Pantomime und Theaterarbeit gebräuchlich.)

☞ Lege Musik auf und bewege dich aus den verschiedenen Chakren: kraftvoll, sinnlich, dynamisch, glückselig, selbstbewußt und magisch.

Bei jeder neuen Musiksequenz wechselst du auf die nächsthöhere Ebene, sowohl körperlich wie auch im Ausdruck. Zum Schluß stelle eine Kerze in einer Metallschale auf den Kopf und balanciere sie, während du dich gleichzeitig bewegst.

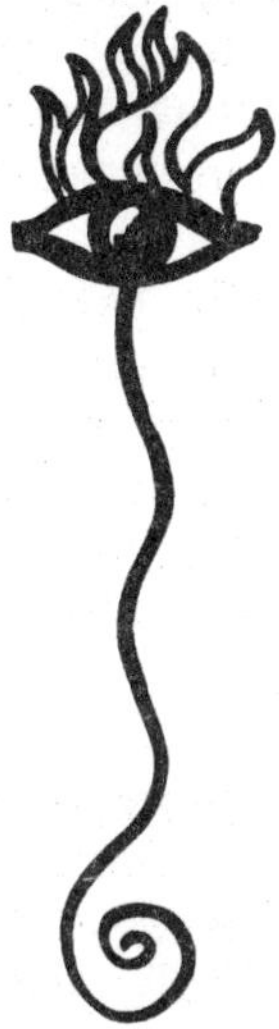

Sinn

Der Schleier setzt Grenzen. Im Westen gilt er als das Symbol der Unterdrückung islamischer Frauen überhaupt. Er drückt das eifersüchtige Besitzstreben des orientalischen Ehemanns aus, der nicht will, daß ein anderer Mann seine Frau sieht, geschweige denn kennenlernt. Zum Teil trifft das zu, aber die Schleierproblematik ist viel komplexer.

Wenn jemenitische Frauen nachmittags bei der »tafrita« zusammensitzen, einem Treffen, das jeden Tag bei einer anderen Frau aus dem Freundinnenkreis stattfindet, so kann es geschehen, daß der Mann der Gastgeberin unverhofft nach Hause kommt. Aber er darf die anderen Frauen nicht unverschleiert sehen. Deshalb muß er schon unten am Treppenabsatz aus Leibeskräften rufen: »Allah, Allah, Allah!« Erst dann darf er die steilen Stufen emporklettern.

Inzwischen haben sich die anwesenden Frauen verschleiert, und wenn er die Straßenschuhe ablegt und in »sein« Haus eintritt, so sieht er nur eine Schar von dunklen Gestalten. Er sieht sie nicht, er darf sie nicht sehen, sie aber sehen ihn. Der Schleier setzt also Grenzen, aber es sind nicht nur die Grenzen, die der um seine Ehre besorgte Ehemann seiner Ehefrau setzt, es sind auch Grenzen zwischen der Welt der Männer und der Welt der Frauen, und diese Welten sind unvereinbar, *denn die Frau ist das ganz andere.*

Verschleierung bedeutete in der Antike Unerreichbarkeit, Erhabenheit, auf persischen Miniaturen erscheint selbst der Prophet Mohammed verschleiert, damit sein Gesicht nicht durch konkrete Darstellungen entheiligt wird. Dieser Gebrauch des Schleiers oder des Vorhangs reicht weit in die Vergangenheit zurück: Auch Tempelpriesterinnen waren in der antiken Welt verschleiert. Man spricht von der verschleierten Isis und meint damit die Natur mit der Unergründlichkeit ihrer Geheimnisse. Im Neuen Testament erscheint dieselbe Symbolik, wenn es heißt, daß beim letzten Atemzug von Jesus am Kreuz die Erde bebte und der Vorhang des Allerheiligsten im Tempel von Jerusalem zerriß. Wenn der Schleier oder der Vorhang zerreißt, ist das Sakrale außer Kraft, es hat sich selbst überlebt. Das ist die Symbolik, mit der der Verfasser des Evangeliums operiert. Auch die orthodoxe Kirche hat ihren »Tempelvorhang« in Form der Tempelwand, der Ikonostase, hinter der sich die Wandlung vollzieht.

Aber eben deshalb gilt Verschleierung auch als Mystifikation. Jemand den »Schleier vom Gesicht reißen« heißt ihm die Maske rauben, hinter der seine wirkliche Identität sich versteckt. Zerreiße den Schleier der Illusion, heißt es in manchen spirituellen Texten – aber vielleicht ist es auch eine Illusion zu glauben, daß man der Wahrheit näher kommt, wenn man einen Schleier zerreißt.

Dasselbe Bild wird auch verwendet, um anzudeuten, daß die modernen Wissenschaften auf ihrem Siegeszug alle Geheimnisse der verschleierten Isis, der Natur, lüften wollen. Auch das ist Illusion.

So scharf Mikroskope und Fernrohre auch geworden sind, es gibt noch immer eine Maske, die den Blick auf die »wirkliche Wirklichkeit« verstellt. Es sind die Erkenntnismethoden des Forschers selbst, seine Sinne, sein Denken, seine Meßgeräte und seine Versuchsanordnungen. Die Romantiker sprachen davon, daß man die verschleierte Isis, die Natur, niemals ungestraft entblößen, sezieren, analysieren dürfe. Auf diese Weise haben sie gegen den rationalistischen Herrschaftsanspruch über die Natur angekämpft – ohne Erfolg, wie wir heute wissen, seit wir unter unseren selbsterzeugten ökologischen Katastrophen leiden.

Schon vor fast vierhundert Jahren hat der Naturphilosoph Giordano Bruno, Fürst der Ketzer, Magier und Literat, eine Parabel erzählt, die den einzig wirklichen Weg der Naturerkenntnis beschreibt: Dem Jäger Alkaion gelingt es, Artemis, die Natur, auf einer Waldlichtung nackt beim Baden zu erspähen, aber ihre Hunde wittern ihn, und während er noch auf sie blickt, zerreißen sie ihn. Jetzt erst, im Tod, in der *Selbstaufgabe,* erkennt er sie, wird er mit ihr eins. Der Sinn: Wahre Erkenntnis kommt nur zustande, wenn das Ego stirbt, in der Ekstase, in der Hingabe an das Geschaute. Es genügt eben nicht, einen Schleier wegzureißen!

Bruno war der einzige namhafte Philosoph dieser Zeit, der der Materie ebenso Belebtheit und Ewigkeit zuerkannte wie dem (Schöpfer-)Geist. Schöpfung und Geschaffenes sind eins. Giordano Bruno wurde im Jahre 1600 auf dem Campo dei Fiori in Rom, nach sieben Jahren Folter und Kerkerhaft in der »Engelsburg«, verbrannt. Er hatte versucht, einen gewaltlosen, lebendigen Umgang mit der Natur, der Erdseele, zu lehren.

»Könnte nicht der Schleier die Funktion einer Maske haben, so wie in den afrikanischen Kulturen?« fragte ich meine arabische Bauchtanzlehrerin. »Das Individuum verschwindet hinter dem Archetypus, dem Göttlichen ...« Kaum hatte ich diesen Satz ausgesprochen, blitzte sie mich mit wütenden Augen an und entgegnete schroff: »Schlag dir diese Philosophie aus dem Kopf, das ist absurd!«

Ihre Stimme wurde nachgiebiger: »Nein, das ist ein erotisches Spiel.«

Ich wollte ihr nicht widersprechen, aber insgeheim dachte ich: Und wenn nun beide eins wären ... das Sakrale und das Erotische? Da war eine Spur, die verwischt worden war. Gerade weil meine Lehrerin so heftig reagiert hatte, wurde ich aufmerksam.

Eine weitere Spur ist die traditionelle Bauchtanzkleidung. Ich hatte mich innerlich immer dagegen gewehrt, ein kostbares, mit Perlen besetztes Kostüm in der halbseidenen Atmosphäre eines Restaurants inmitten von feuchtfröhlichen Männerwitzen zu Markte zu tragen oder damit zur Videobeute zu werden. Prunkvolle Kostüme erfordern eine Atmosphäre der Sammlung und Feierlichkeit, sie erfordern rituelle Choreografie.

Das Bauchtanzkostüm betont mit Gürtel, Oberteil, Stirnband und Schmuck die verschiedenen Tanzzentren des Körpers, ebenso wie in afrikanischen Sprung- und Schrittänzen die Fußknöchel mit Bast oder Muscheln betont werden. Es sind die Tanzzentren, aber wenn man sich das Kostüm in seiner traditionellen Form näher ansieht, sind die Hinweise auf die Chakren fast unübersehbar.

Der Bauchtanz beinhaltet afrikanische, aber auch indische Bewegungselemente, und so ist es durchaus denkbar, daß die indische Lehre von den Chakren, die auch die körperliche mit der seelischen und spirituellen Ebene verbindet, in der Symbolik eines Tanzkostümes ihren Eingang gefunden hat. Das würde bedeuten, daß Tänzerinnen eine sakrale Funktion innehatten. Auch hier also wieder der Hinweis auf sakrale Erotik.

Antike Kostüme waren sicherlich nicht aus Plastikpailletten gefertigt, sondern aus echtem Metall und echten Edelsteinen gearbeitet. Vielleicht wurde jedes einzelne Chakra durch bestimmte Edel- und Halbedelsteine betont, die zu ihm paßten? Granat oder Jaspis am Wurzelchakra, Smaragd am Herzchakra, Amethyst am Stirnchakra?

Dies würde in etwa dem Pektoral, dem Brustschmuck der hebräischen Priester entsprechen, auf denen zwölf Edelsteine angebracht waren, die die zwölf Stämme Israels andeuten sollten, in Wirklichkeit aber sicherlich magischer Schutz waren, den sie nach ihrer Invasion im Gelobten Land von den dortigen Priesterinnen übernahmen bzw. raubten.

Vielleicht ist das Glitzern von Gold und Edelsteinen aber auch schon Degeneration, Ersatz gewissermaßen, für ein spirituelles Leuchten aus all diesen Zentren, das von Hellsichtigen wahrgenommen werden konnte? Vielleicht war der Schmuck dazu da, die Gottheit zu erfreuen? Wieder eine Spur, die verwischt worden war: In dem Billigglanz der heutigen Kostüme, in ihrer oftmals putzigen oder gewollt verrucht anmutenden Façon ist das Element sakraler Kostbarkeit, wie es indischen Tanzkostümen noch eigen ist, längst verlorengegangen.

Kurios ist auch die Gewohnheit der Bauchtänzerinnen, ihre Büstenhalter auszustopfen, damit der Busen größer erscheint und über den Rand des Oberteils quillt. Eine merkwürdige Mischung von Prüderie und Aufriß. Wäre es nicht ehrlicher, die Oberteile ganz wegzulassen, wie wir es bei kretischen Priesterinnenstatuen sehen? Orientalische Männer sind im Gegensatz zu ostasiatischen Männern oft recht busenfixiert.

»Stell dir vor«, schwärmte ein junger Araber, »heute habe ich eine Frau gesehen, die hatte einen riesigen Busen, fast so groß wie ihr Kopf. Welch ein glücklicher Tag!« Und als ich selbst – noch in meinen Anfangsgründen – einem Ägypter vortanzte, sah er mir forschend in den Ausschnitt und sagte dann streng: »Ich sehe, du bist begabt, du solltest weitermachen! Nur ... dein Busen ist zu klein, zu klein für eine Bauchtänzerin!« Mir blieb die Spucke weg. Das einzige, was mir einfiel, war: »Ehem ... alsoo, naja ...!«

Er sah mich noch ein zweites Mal prüfend an und blieb unnachgiebig: »Nein, der Busen ist zu klein!« Ich dachte an einen arabischen Sklavenmarkt, aber er belehrte mich über den sakralen Status der weiblichen Brust. Es gebe ein pharaonisches Bild der Göttin Nut, wie sie auf Händen und Füßen stehend einen Bogen – das Himmelszelt – bildet, und aus ihrer Brust tropft das heilige mütterliche, segenspendende Naß wie Regen zur Erde hinab.

Der Anblick des nackten Busens ist bei Männern und Frauen tief im Unterbewußten verwurzelt, er ist Symbol für Nahrung, Körperwärme und Liebe, er gehört zu den stärksten Eindrücken des Kleinkindes. Indianerfrauen im brasilianischen Urwald besänftigen aggressive Männer, indem sie ihnen die Brüste hinhalten. Der Traum des Kleinkindes von paradiesisch überwältigender Geborgenheit überlagert das logische Denken und weckt Erinnerungen süßer Wollust.

Die Schminke, die Bauchtänzerinnen heutzutage auflegen, entspricht in etwa dem Abend-Make-up, wie es heute in Frauenjournalen beschrieben wird. Notfalls in stärkeren Konturen, damit es auf der Bühne wirkt.

Bei dem algerischen Stamm der Ouled Neil sind die Tänzerinnen blau tätowiert oder bemalt, im afrikanischen Tanz werden Masken getragen, in manchen indischen Tanztraditionen wird das Gesicht mit komplizierten Mustern bemalt. Bemalt werden auch Füße und Hände einer Frau, wenn sie eine entscheidende Wandlung in ihrem Leben, beispielsweise die Hochzeit, rituell begeht. Die Periode des Übergangs muß aus dem Alltag in ein sakrales Bewußtsein übergeführt werden; da der Übergang eine psychisch entscheidende und labile Zeit ist, muß die Person geschützt werden, beispielsweise durch Zeichnungen und Tätowierungen auf der Haut.

Wenn der Bauchtanz ursprünglich ein ritueller Tanz war, so ist nicht einzusehen, warum nicht auch die Gesichtsbemalung malerisch und geometrisch gestaltet werden sollte. Zu flach, zu alltäglich ist die normale Schminke. Sie macht den Bauchtanz zu sehr zum Gebrauchsartikel. Also wenn schon, dann richtig!

Nur wenn du Schleier, Kostüm und Gesichtsbemalung als »Maske« verwendest, als zeremoniellen Schmuck, der dich dem Alltag entrückt, deine Persönlichkeit im Archetypus hinwegschmelzen läßt, wird dein Tanz zum Ritual: Dieses Ritual ist die »Erscheinung der Göttin«, die Epiphanie. D. h., du erzeugst ein Energiefeld, in dem die Sinnelemente des Venus- oder Ischtarprinzips spürbar werden. Du wirst zum Ort, an dem sich dieses Prinzip verwirklicht.

Diva oder Dea (lat. für »Göttin«) heißt wörtlich »die Glänzende«. Aber erst, wenn du dieses glückselige, vor Lust und Liebe strahlende Leuchten auch ohne Pailletten, das Geheimnis auch ohne Schleier, die Feierlichkeit auch ohne Gesichtsbemalung in dir fühlst und nach außen vermittelst, bist du reif, das Kostüm zu tragen. Erst dann! Wirklich erst dann! Das ist der Sinn.

Die heilige Verführung – die Göttin will dich! Wer bist du? (Tänzerin und Publikum, Kommunikation, Lockung und Transzendenz)

Erfahrung

☞ Die folgende Übung braucht Zuschauer: Versuche beim Tanzen deinen erotischen Ausdruck zu steigern: mobilisiere das Zittern der Begierde, der erlösten Lust, winde dich wollüstig in Schlangenbewegungen, laß deine Arme von Liebe und Hingabe sprechen, wirf verführerische, vielsagende Blikke, laß dich zum Boden herab und wälze dich in deutlich erotischen Bodentanzpositionen.

Versuche, erotisches Wohlbehagen in deinem Bewußtsein zu vergegenwärtigen, während du dich bewegst.

Reflektiere die Gefühle, die bei einer solchen Übung in dein Bewußtsein dringen. Fühlst du dich komisch, lächerlich? Hast du Angst, verfügbar zu sein, ausgeliefert bis zur Vergewaltigung? Oder fürchtest du üble Nachrede und das Hurenstigma? Oder kannst du deinen erotischen Ausdruck in deine Persönlichkeit integrieren, dich auch vor Zeugen mit deiner Erotik identifizieren?

Was ist für dich erotischer Ausdruck? Vielleicht nur ein Augen-Blick, ein flüchtiges Lächeln, eine gemeinsam gelöste Mathematikaufgabe?

☞ Viele Yogapositionen leiten sich ganz offensichtlich aus Koituspositionen her, etwa die Krähe, die Kobra, bestimmte Variationen des Pfluges, die Taube. Verwende Yogaübungen wie auch Kreise, Zittern, Schlangenbewegungen und Bodentanzübungen aus dem Bauchtanz, wenn du dich mit einem Geliebten vereinigst.

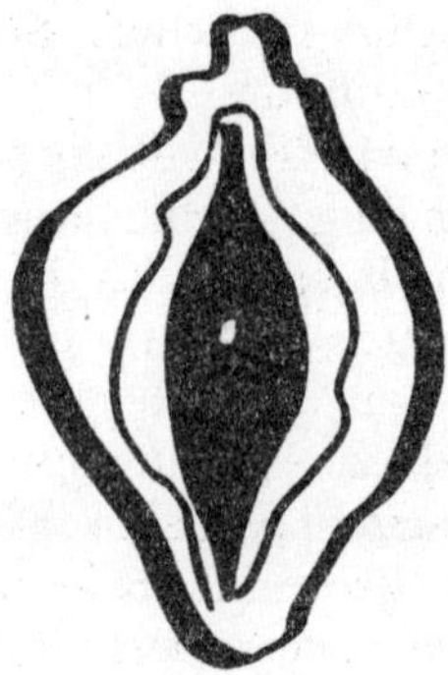

Sinn

Die Präsentation weiblicher Reize durch Kleidung oder Bewegung löst widersprüchliche Reaktionen aus. Den einen gefällt's, die anderen finden es unfair, mit »solchen Mitteln etwas zu erreichen«. Schnell fällt das Wort »ordinär« oder: »In ihrem Alter trägt die noch soviel Dekolleté?«

Wenn man als Frau seriös erscheinen will, wird man bestimmte Farben vor allem in der Rotskala eher vermeiden, nur dezentes Make-up tragen und Kleidung, die die Figur nicht zu sehr betont. Ganz offensichtlich klafft ein Spalt zwischen der anständigen, keuschen und der lasterhaften, freizügigen Frau.

Die Gründe, weshalb Frauen ihre Weiblichkeit, und oft auch ihre erotischen Reize, leugnen, liegen auf der Hand: Erotik ist Störfaktor in dieser industrialisierten Welt, in der die Aufsteiger und die Mächtigen Flanell und Nadelstreifen tragen. Historisch sind wir ebenfalls belastet: Ob katholisch oder protestantisch, Erotik war lange genug Schweinkram oder Anlaß zum Sündenfall, sexuelle Verdrängungen und Tabus führten zu sexuell verklemmten und unehrlichen Familienbeziehungen, in denen vor allem weibliche Kinder sexuell mißbraucht wurden. Dies war etwas Bedrohliches, Unaussprechliches, man mußte es geheimhalten, und das Mädchen gab sich selbst die Schuld. Schuld war eben die kindliche weibliche Sexualität.

Später hieß es dann: Ja, wenn du ihn schon mit aufs Zimmer nimmst, ja, wenn du dich schon in sein Auto setzt, ohne ihn lange zu kennen, dann brauchst du dich auch nicht zu beklagen, wenn du vergewaltigt wirst. Ein kleiner Finger, und schon gehört ihm der ganze Bauch.

Um Schwierigkeiten gleich von vornherein zu unterbinden, verdrängen wir unsere Sexualität. Die »Damenwahl« in der Tanzstunde nehmen wir nicht in Anspruch. Wir sind schon froh, wenn wir »nein« sagen dürfen. Dieses »Nein, noch nicht ...«, »Nein, erst wenn ...« erscheint uns berechnend. Das erinnert doch an Prostitution. Erst Geld, dann Sex. Und das ist die andere Kaste. Aber genau dieses Nein oder Noch-nicht, dieses Locken und dann doch Hinhalten, womit schlaue Frauen Zugeständnisse und Reichtümer aus Männern pressen, ist im Bauchtanz zu höchster Blüte entwickelt!

Letztlich ist es nichts anderes als die Vergrößerung und Sichtbarmachung eines kosmischen Prinzips: Eizelle und Spermium. Das Ei ist gereift, es zeigt sich, es lockt, es verheißt Verschmelzung und neues Leben. Die Spermien machen sich auf den gefahrvollen Weg. Der Schnellste kommt an. Nein. Ein Tapferer mischt sich dazwischen. Nein. Ein Mächtiger drängt sich auf. Nein. Gewählt wird vom Ei schließlich derjenige, der paßt. Wählen und Aufnehmen ist eins.

Ein männlicher Zuschauer schilderte mir den Tanz einer palästinensischen Tänzerin: »Sie tanzt lange, sie geht auf jeden einzelnen zu, scheint nur für ihn persönlich zu tanzen, bis er fast nicht mehr kann und nur noch eines will und alles dafür gäbe, denn sie meint ja *ihn* und nur *ihn,* davon ist er überzeugt, denn so suggestiv ist ihre Präsenz, er steckt ihr einen großen Geldschein zu, sie sieht ihn an und lacht und scheint zu sagen: Du glaubst, daß du mich damit kaufen kannst?«

Sie schenkt ihm ein Lächeln und tanzt zu einem anderen hin und zeigt ihm mit sehnsuchtsvoller Hingabe tiefe Gefühle. Er möchte mit ihr verschmelzen, wenigstens im Gefühl, aber sie verabschiedet sich und scheint zu sagen: Sind deine Gefühle auch so tief, wenn du mit deiner Frau zusammen bist?

Sie tanzt leidenschaftlich, bebt bis zur Ekstase, reißt alle in die Trance mit, im nächsten Augenblick lächelt sie und scheint zu sagen: Ihr seid aber leicht zu fangen. Einer will es nicht glauben, er bewegt sich zur Tanzfläche vor, will sich ihr nähern, sie nimmt ihr Schwert, und einen Augenblick lang sitzt ihm der Schreck im Glied ... Kopf ab, während sie unbeeindruckt das Schwert auf den Kopf legt und es kreisend balanciert. Sie tanzt verschiedene Gefühle, sie ist kokett, sie ist stolz, glühend erotisch oder heiter glückselig, sie ist energisch oder sehnsuchtsvoll, aber all das sind nur Masken.

Sie erzeugt Illusionen, sie erzeugt Attraktionen, um sie abzustreifen. Sie hat ihr erotisches Spiel souverän, machtvoll gespielt. Wer ist es, der es mit ihr aufnimmt, der mit Stolz sagen könnte, er durfte mit ihr reden, essen oder gar ...? Etwa der, der glaubt, für Geld könne man alles kaufen? Oder jemand, der sich schnell vergafft und schnell vergißt? Oder jemand, der sich wichtig macht, indem er eine exotische Frau vernascht? Oder jemand, der dümmliche Witze macht und sich für klüger hält als eine Frau? So einfach nicht! Jahrzehntelang mußte Chosrau um Shirin kämpfen. Manche Männer glauben: Wenn sie nein sagt, meint sie ja. (Saint-Exupéry gehörte zu ihnen.) Nichts davon! Wenn sie nein sagt, sagt sie nein, aber du hast noch eine Chance, ich zeige dir den Weg ... zu dir! Du kannst noch wachsen!

Diese Tänzerin, so sagte mein Bekannter, hat mir gezeigt, was orientalischer Tanz wirklich ist. Es ist eine Form der Initiation. Indem die Tänzerin verschiedene Bewußtseinsebenen mobilisiert, sich aber nicht an sie verhaftet, befreit sie auch die Zuschauer von ihrer Verhaftung an äußere Formen und führt sie dazu, ihre Gefühle und Wünsche zu integrieren. Sie verführt sie zur *Ganzheit.*

Deshalb, wenn du tanzt und im Tanz die Menschen verführst, faszinierst, so wisse, du führst sie zu sich selbst. Du führst sie durch die Welt zum All, du führst sie durch die Welt zu sich: Das ist der Sinn.

IV.

Fragen über Fragen ...

Ohne anthropologische, prähistorische, historische, ethnologische, soziologische oder theologische Forschungen ... nur aus den Bewegungen selbst, aus der inneren Körpererfahrung, aus Körpersprache und Körperbewußtsein konnte ich den spirituellen oder energetischen Sinn des »Bauchtanzes« erkennen und in all seinen Einzelheiten schildern. Jede Leserin meines Buches kann diese Erfahrung nachvollziehen, wenn sie die Übungen im dritten Kapitel allein, in einer Gruppe oder in einem meiner Seminare erlebt und durcharbeitet. Und dieser energetische Sinn des Bauchtanzes kennt weder nationale Grenzen, noch irgendeine zeitliche Bestimmung. Es ist ganz einfach weibliche Energie in Bewegung.

Ganz anders jedoch in der konkreten Bauchtanzszene im Orient, in Europa und Amerika: Da gibt es durchaus nationale Konkurrenz. Ägypter betonen, daß sie den Tanz erfunden hätten und die beste Tanztechnik besäßen (»Ja, Zeinab mag eine gute Tänzerin sein, aber sie ist keine Ägypterin!«). Iraner behaupten, daß dieser Tanz in Persien entstanden sei. Ein Libanese bestritt mir gegenüber, daß der Tanz afrikanische Elemente enthielte – eine kühne Behauptung. Alle zusammen kritisieren die Türken, die nichts vom Bauchtanz verstünden (das kann man auch als Rache für die osmanische Herrschaft über die arabischen Länder verstehen). Umgekehrt wird türkischen Musikern auch wieder bescheinigt, daß sie die Maqame mit mehr Innigkeit und Geheimnis spielen als arabische Musiker. Oder kommt die reiche Musiktradition des osmanischen Sultanats von Konstantinopel doch aus der persischen Tradition? Manche Araber behaupten wiederum, daß dieser Tanz mitnichten arabisch sei, schon der Name »*Er-raqs esch-scharqi*« (Der östliche Tanz) verweise darauf, daß er aus Ländern im Osten der arabischen Völker komme (vielleicht aus Indien mit den Zigeunern). Hebräische, griechische und lateinische Quellen deuten auf Palästina oder Südarabien, auf Mesopotamien, Phönizien, Karthago oder auch Griechenland hin.

Aber all diese theoretischen Hypothesen und praktischen Konkurrenzen verblassen vor dem großen Gegensatz zwischen orientalischen und okzidentalen Tänzerinnen: Westliche Tänzerinnen seien »zu steif«, verstünden weder Rhythmus noch Liedtexte, sie schafften allenfalls eine »schlechte Imitation« einer orientalischen Tänzerin, die diesen Tanz ja von Jugend auf kenne. Ja, selbst orientalische *Männer* könnten besser tanzen und hätten ein legitimeres Recht auf diesen Tanz als westliche Frauen. Eben, weil sie Orientalen seien.

Solche Urteile werden pauschal gefällt. Ein Bauchtanzlehrer verbot seinen Schülerinnen bestimmte graziöse Handbewegungen: die seien nur für echte Orientalinnen bestimmt, bei Europäerinnen würden sie blöd aussehen. (Es handelt sich um die Geste, bei der eine Hand an die Schläfe gelegt wird, jene Geste, mit der die eleganten lydischen Frauen ihren Schleier festhielten – ein Ausdruck erotischer Kokketterie.) Es kommt auch vor, daß orientalische Musiker absichtlich schlecht spielen, wenn eine Europäerin tanzt, oder daß orientalisches Publikum ostentativ klatscht, wenn eine Orientalin tanzt und ebenso ostentativ eisig schweigt, wenn eine Europäerin tanzt. (Allerdings wurde dann eine dunkelhaarige Deutsche von Arabern für eine Araberin gehalten: Auch das ist möglich!)

Tanzende Europäerinnen wiederum verhalten sich oftmals unsensibel wie der sprichwörtliche Elefant im Porzellanladen. Sie bemerken oftmals gar nicht, wie lächerlich durchsichtig ihre Orientimitation ist, wie gefühllos sie das fremdländische Geglitzer an sich reißen, wie schlecht sie ihren gewöhnlichen Alltagsfrust und den daraus entspringenden Geltungsdrang verbergen können. Es ist ihnen nicht bewußt, wie wenig Dankbarkeit sie den orientalischen Kulturen erweisen, die diesen Tanz doch immerhin über die Jahrhunderte und Jahrtausende erhalten haben.

Aber wo ist er nun entstanden?

Das wollen wir jetzt endlich wissen!

Und schon sind wir auf dem Holzweg, denn die Frage ist falsch gestellt. Geografische oder gar nationalistische Erklärungen sind fehl am Platz. Warum?

Weil von Irland bis nach Indonesien, von Südafrika bis nach Skandinavien viel mehr Bewegung, Wanderung, Austausch stattgefunden hat, als wir uns heute vorstellen, und zwar schon seit Jahrtausenden und Jahrzehntausenden. Wir glauben, daß erst unsere Überschallflugzeuge, unsere Telefon- und Telefaxleitungen, unsere Fernsehantennen globale Kommunikation zwischen den Kontinenten und ihren Kulturen ermöglicht haben. In ethnozentrischer Borniertheit glauben wir Europäer, daß es eines Vasco da Gama bedurfte, um Europa mit dem fernen Osten zu verbinden, und eines Kolumbus, um Amerika zu »entdecken«.

Seit einer Million Jahren, vielleicht sogar schon seit mehreren Millionen Jahren, gibt es aufrecht gehende Menschen, seit hunderttausend Jahren, vielleicht auch schon länger, den Homo sapiens, und in diesem Zeitraum hat sich die Gestalt der Erde immer wieder verändert. Eiszeiten legten schwere Gletscherpanzer über weite Gebiete, und wenn sie abtauten, stieg das Wasser der Meere und Seen. Landbrücken, Inseln verschwanden, vorher trockenes Land trieb üppige Vegetation.

Die Sahara z. B., die heute das arabische Nordafrika vom Rest des Kontinents trennt, trocknete erst im dritten Jahrtausend v. u. Z. aus. Vorher erstreckte sich dort eine mühelos passierbare Savanne, und im Niltal gediehen ausgedehnte Wälder. Polsprünge ließen tropische Gegenden zu Eiswüsten werden und umgekehrt. Meteore richteten breitflächige Zerstörungen an. Kontinente verschoben sich, und die Schubkräfte ließen Grabenbrüche entstehen.

Und da sollen die Menschen sich nicht über die Erde bewegt haben?

Auf der Flucht vor Naturgewalten, auf der Suche nach freundlichen Regionen ... oder einfach, weil sie eben beweglich waren, also kein Hab und Gut umherschleppen mußten.

Einige Beispiele:

Die frühen Feldbaukulturen in Palästina und Anatolien, die bereits vor 9000 Jahren entwickelt waren, scheinen sich langsam und friedfertig in zwei Richtungen ausgedehnt zu haben: nach Europa und nach Indien.

Die sogenannten arischen oder indoeuropäischen Wanderungen waren weniger friedfertig. Sie reichten von Skandinavien bis nach Südindien, Mesopotamien, Palästina, Anatolien, Griechenland und Westeuropa.

Wer weiß, daß bereits um 2200 v. u. Z. hellhäutige Krieger, die »Temehu«, gegen afroägyptische Pharaonen kämpften, daß umgekehrt eine schwarzhäutige Bevölkerung nördlich des Schwarzen Meeres lebte?

Wer weiß, daß die Assyrer um 700 v. u. Z. auf ihren Eroberungszügen bis in die arabische Halbinsel vorgedrungen sind, sich sogar Saba im heutigen Jemen tributpflichtig gemacht haben, daß sie sich in Ägypten mit den Kuschiten um Memphis schlugen?

Das »schwarze« Königreich von Kusch, das etwa auf der Höhe von Südarabien auf der afrikanischen Seite des Roten Meeres lag, unterhielt schon in den ersten nachchristlichen Jahrhunderten Handelsbeziehungen nach Uganda, Arabien, Indien und vielleicht sogar China. Auch vom südarabischen Küstenstaat Ausan stachen die Schiffe in See und brachten Edelsteine aus Indien, Elfenbein aus Afrika zurück. Die Karawanenwege der Seidenstraße verbanden schon vor fast dreitausend Jahren das ferne China mit dem Vorderen Orient, die Weihrauchstraße führte von Südarabien in die Mittelmeerwelt.

Man weiß von buddhistischen Einflüssen, die in den letzten vorchristlichen Jahrhunderten von Indien bis nach Palästina reichten und das Neue Testament beeinflußten, und Alexanders Heerfahrten gingen von Makedonien bis nach Indien, wo er an Malaria starb.

Hier erst beginnen wir uns wieder auszukennen:

Wir wissen, daß das römische Reich Gebiete von Kleinasien bis nach Irland umfaßte, aber das ist noch nichts gegen das islamische Imperium, das im fünfzehnten Jahrhundert von Indonesien bis nach Spanien reichte.

Wir glauben vielleicht, daß diese alten Völker immer schön brav die Küsten entlang fuhren? Keineswegs: Die Maori beispielsweise sind in flachen, engen Kanus mehrere tausend Kilometer von ihrer Heimat Polynesien nach Neuseeland gerudert. Aber Polynesien liegt in der schier unendlichen Wasserwüste des Stillen Ozeans. Wie haben sie dorthin gefunden? Und in Polynesien gibt es Tänze, die mit ihren weichen Hüftschwüngen fast aufs Haar den Bauchtanzbewegungen gleichen! Polynesien liegt Zigtausende Kilometer vom Vorderen Orient entfernt!

Gab es vor Jahrtausenden oder gar Jahrzehnttausenden noch Inselketten oder Landbrücken, die inzwischen versunken sind? Waren die Menschen so wagemutig, daß sie ins Ungewisse fuhren? Oder besaßen sie eine so untrügliche Intuition, ja Hellsichtigkeit, daß sie Länder erahnen konnten, um sie dann mit perfekter Sternennavigation anzusteuern?

Die Wanderungen und Begegnungen zwischen Völkern und Stämmen können Ähnlichkeiten erklären, die wir zwischen weit entfernten Kulturen feststellen.

Man kann es sich so vorstellen: Krieger, Händler oder Nomaden bringen eine neue Gewohnheit mit, wenn sie auf einen anderen Stamm, ein anderes Volk treffen. Diese übernehmen einen Brauch unter Zwang oder aus Überzeugung und führen ihn weiter. Inzwischen haben die ersteren diesen Brauch vielleicht schon wieder abgelegt, etwa durch die Eroberung eines anderen Volkes, dessen Kultur sie angenommen haben. So erfolgt ganz konkret ein Austausch von Einflüssen.

Aber Ähnlichkeiten zwischen entfernten Kulturen können auch anders erklärt werden: eine Idee, ein Gestaltprinzip, eine Gedankenform geht um die Welt, auch ohne Radiowellen.

Dies geschieht gewissermaßen durch telepathische Übertragung aus dem »Äther«. Die Jungsche Psychologie spricht von menschlichen Archetypen, die sich ohne eine Bindung an Zeit und Raum durchsetzen.

Informationsprozesse formen Energie zu Gestalten. Wir sehen, wie kleinlich auf diesem Hintergrund der Streit um das Herkunftsland des Bauchtanzes ist.

Es gibt noch einen Grund, weshalb Geografie und Nationalismus für die Erklärung nicht viel bringen: Sie sagen nichts über die Funktion dieses Tanzes aus. Und das ist doch die eigentliche Frage: die Frage nach dem Sinn, nicht nach dem Paß! Es geht um Verständnis, nicht um Besitz oder gar Monopol!

Um Sinn und Funktion dieses Tanzes zu verstehen, muß man die Soziologie der Gesellschaften erforschen, in denen er offensichtlich vor Jahrtausenden entstanden ist. *Dietlinde Karkutli* unternimmt in »Das Bauchtanzbuch« einen Versuch in diese Richtung:

Ausgangspunkt ist der Fruchtbarkeitstanz, Geburtstanz in den Stämmen afrikanischer Naturvölker. Nach verschiedenen Stadien im alten Ägypten werden römische Dichter zitiert, die einen bereits degenerierten Bauchtanz vermuten lassen, dann wird der indirekt positive Einfluß des Islam auf den Bauchtanz beschrieben: Aufgrund des Bilderverbots habe man sich verstärkt im Ornamentalen ausgelebt, also auch in der Ornamentik des Körpers. Sehr bald erfolgt der Absturz des Bauchtanzes in billige Prostitution, und zwar unter dem unheilvollen Einfluß der europäischen Kolonialmächte, die zwar Bordelle bauten, ansonsten aber recht prüde waren.

So stellt die Autorin es dar. Aber dieses Schema ist zu einfach (trotz des anerkennenswerten Zitatenschatzes). Die Optik erscheint mir verzerrt. Vieles bleibt unerklärt.

Vor allem das Verhältnis zwischen matriarchalen und patriarchalen Strukturen, oder sagen wir allgemeiner, von femininen und maskulinen Gesellschaften. Wenn dieser Tanz, wie ich im dritten Kapitel angedeutet habe, sakrale Elemente enthält, so muß er aus Gesellschaften stammen, in denen sich das feminine Element frei entfalten konnte, wo der Bereich des Sakralen auch für Frauen offen war.

Prostitution (als negative Ergänzung der Ehe) ist ein Ausdruck maskuliner Ideologie und Ökonomie. Sie hat schon lange vor dem Einbruch der westlichen Kolonialmächte im Orient existiert: sicherlich seit der Durchsetzung des Christentums, das ja aus dem Orient mit Gewalt nach Europa eingeführt wurde, sicherlich auch im abbasidischen Bagdad mit seinen Unmengen von Haremssklavinnen, von denen viele sich freikauften, um dann ihren Lebensunterhalt mit Liebesdiensten zu verdienen.

Wenn wir die Wurzeln dieses sakral-erotischen Tanzes kennenlernen wollen, müssen wir die alten matriarchalen Gesellschaften erforschen.

Wie haben sie ausgesehen, wo haben sie gewirkt, wovon haben sie gelebt, waren sie Nomaden oder seßhaft? Krieger(inne)n oder Friedfertige? Welche Techniken beherrschten sie – Holz, Stein, Metall? Welche Kunstwerke haben sie hervorgebracht, welche Institutionen gab es dort, wie war das Verhältnis zwischen Männern und Frauen?

Ist Prostitution wirklich das »älteste Gewerbe der Welt«, und ist die Ehe wirklich die »älteste Institution der Welt«, wie manche behaupten? Welche Eheformen, welches Erbrecht gab es, wie wurde Erotik ausgelebt?

Was bedeuten »Sakrale Erotik«, »Heilige Hochzeit«, »Sakrale Prostitution«, »Tempelerotik«? Welche Mythen rankten sich um die Entstehung der Welt, an welche Götter und Göttinnen glaubten die Menschen damals, wie gestalteten sie ihre Riten und Religionen? Warum ist in den semitischen

Sprachen der Mond männlich, die Sonne weiblich? Was hat es mit der Schlangensymbolik auf sich?

Waren die weiblich bestimmten Gesellschaften der Vergangenheit in Europa anders als in Asien oder Afrika? In welchen Zeiträumen haben sie sich entfaltet? Hat es sie überhaupt gegeben, oder ist das nur *wishful thinking*?

Die Frage nach Sinn und Ursprung des Bauchtanzes können wir sinnvollerweise erst stellen, wenn wir diese Fragen beantwortet haben. Und das ist nicht leicht! Wie sollen wir vorgehen, aus welchen Quellen schöpfen? Aus archäologischen Forschungsberichten, historischen und literarischen Dokumenten, aus der Beobachtung noch vorhandener Traditionen?

Das alles ist notwendig.

Aber wir brauchen auch Vorstellungskraft, Phantasie und geistige Freiheit.

Schon bevor ich mit meinen Quellenforschungen begann, blitzten immer wieder Szenen vor meinem geistigen Auge auf. Einige Fragmente daraus:

... die Trommeln wurden schneller. Nefer-Zit hob die Arme zum Himmel, und die Frauen begannen in sanften Wellen Becken, Oberkörper und Kopf zu bewegen. Schattenhaft, von Sand bedeckt, weich wogend und doch immer intensiver bewegten sich die Körper, und je länger sie sich bewegten, desto dichter, zum Schneiden, zum Explodieren dicht, wurde die Atmosphäre in dem halbdunklen Raum, in dem sie sich Haut an Haut im immer selben Rhythmus schlängelten und wanden. Und dann geschah es. Das schmale Oval einer großen, nur geahnten leuchtenden Scheibe schob sich unendlich langsam in die runde Himmelsöffnung der Lehmkuppel. Der Mond begann ins Schlangenhaus zu leuchten, und als er halb, dreiviertel und schließlich ganz in der Öffnung stand, führten die jungen Priesterinnen die drei Frauen, die schwanger werden wollten, in die Mitte des Raumes, wo sie sich auf den Rücken legten und sich, mit dem Bauch nach oben, zur Brükke emporstemmten. Der Mond beleuchtete ihre Gesichter, ihre Brüste, ihren Bauch, sie öffneten ihren Schoß für den Mond, für die Seelen, die vom Mond herabstiegen, um in ihnen Gestalt anzunehmen, und die Priesterinnen legten ihnen schwere Schlangen auf den Bauch, die den Seelen den Weg zeigen würden. (Vordynastisches Ägypten)

Oder: ...

Der Gong steigerte sich zu einem irrwitzigen Sirren, Sausen und Hämmern, ein schriller Schrei zerriß die darauffolgende Stille, wurde von allen Versammelten mit gellenden Schreien und Pfiffen beantwortet. Der Vorhof bebte in der Ekstase freudiger Erwartung, die Trommeln dröhnten, und im Fackelschein sah man, wie von sechs weißschimmernden Silhouetten eine Sänfte zum Altar in der Mitte des Vorhofes getragen wurde. Auf dieser Sänfte ruhte ein Zelt. Die Menge schrie und jubelte. Das Zelt begann sich zu bewegen. Ein weiter, steifer Rock, über und über mit Goldplättchen und bunten Edelsteinen geschmückt, darüber ein weiter Umhang aus feiner bunter Wolle, der ebenfalls mit Goldplättchen geschmückt war. Das Gesicht blieb vom Umhang verdeckt. Dann enthüllte die Gestalt auf der Sänfte langsam ein buntbemaltes Gesicht, aus dem große schwarzumrandete Augen, überirdisch geöffnet, hervorstrahlten. Die Hohepriesterin ließ den Umhang von den Schultern gleiten, sie breitete die Arme aus, erhob sie zum Himmel, so daß ihre festen, rundlichen Brüste unter dem goldenen Halsschmuck sichtbar wurden.

Die Sänfte wurde auf den Altar herabgelassen, die Priesterin wandelte in ihrem steifen Rock im Kreis über den Vorplatz und rief bekümmert und besorgt in die Runde: »Wo ist er, der Geliebte meines Herzens, der Trost meiner Seele, er, der Regen herbeiruft und Fruchtbarkeit, er, der seinen Leib opfert der Göttin, wo ist er, ich sehe ihn nicht. Ausgetrocknet, verdorrt sind meine Felder. Wo ist er?«

Sie lief immer schneller, vornübergebeugt, händeringend,

steigerte ihren Ausdruck bis zur Verzweiflung, sank wie ohnmächtig in der Mitte des Platzes nieder, vergrub in Trauer ihr Gesicht, bis der Chor der Musikerinnen voller Jauchzen schrie und sang: »Seht her, da kommt er, die Göttin zu erfreuen, da kommt der junge Held, der sich opfert für sein Volk. Seht, er kommt, er ist der Göttin nahe.« (Sumerisches Mesopotamien)

Aber ich sah auch Elemente der Zerstörung:

Alle, die in diesem Jahr die Auferstehung des Baal feierten, fühlten es: Die Selbstverständlichkeit früherer Zeiten war dahin. Immer öfter erfolgten nächtliche Überfälle auf Priesterinnen der Astarte, Statuen wurden zerschlagen, Frauen wurden von ihren Ehemännern mißhandelt, wenn sie sich an den alten Riten beteiligten. Zeitweise wurde die Verehrung der Astarte von den herrschenden Königsgeschlechtern unterstützt, dann kam es wieder zu einem Umschwung, und Verfolgungen setzten ein.

Fackelmeere auf den Tempelstufen, wogende Wechselgesänge. Jezebel auf den Tempelstufen. Diese Augen! Riesig, schwarz umrahmt, die Brauen ebenso, schmal zulaufend das Kinn, feingeschwungen die dunkelroten Lippen und glühendes Gelb auf den Wangen, grelles Rot, leuchtendes Türkis auf den Lidern, die Nase kühn gebogen, falkengleich ...

Sie warf die Arme in den schwarzen Himmel, in dem der erste Frühlingsvollmond rollte. Sie schleuderte die heiligen Formeln in die Menge, immer wieder, immer intensiver, immer dringlicher: »... die Gegenwart der Göttin und des Gottes steht herein ... kommt, feiert, kommt, Männer, Frauen, kommt ...« Ein Jauchzen, jubelnde Leidenschaft. »... kommt alle, kommt ... denn Astarte und ihr Baal erwarten euch ...« Noch stand sie goldgeschmückt, goldgekrönt im tiefroten Kleid, hochragend mit erhobenem Kinn, dann drehte sie sich plötzlich um sich selbst und wies mit wahnsinniger Geste den Weg in den Tempel, aus dem betäubende Düfte von Amber, Weihrauch und Patchouli drangen. Frauen und Männer drängten die Treppen hinauf, legten an den Altären Körbe mit Gebäck, Feigen und Nüssen nieder, stellten mit Wein gefüllte Amphoren auf. (Kanaan)

... Während sie zusammen mit der jungen Tänzerin und einer kopfschüttelnden Belit den Saal verließ, war Sammu-Ramat wieder zurück zur Fensteröffnung gegangen, gebeugt, mit schmerzhaft verzerrtem Gesicht. Sie drückte sich an die Mauer und rezitierte, als wolle sie sich daran festhalten, einen alten sumerischen Hymnus: »Schwarz mache ich zu Weiß und Weiß zu Schwarz, Rechts mache ich zu Links, und Links zu Rechts. Die Schwachen lade ich in mein Haus, die Starken vertreibe ich. Die Geehrten erniedrige ich, den Verachteten bin ich ratgebende Mutter. Des prahlenden Jünglings Mund verhülle ich, den, der zum Himmel schreiten will, binde ich an die Erde. Dem, der Schätze sammelt, gebe ich den Weg nicht frei.«

Fast schreiend fuhr sie auf akkadisch fort, beschwörend, flehend: »Ajjum narbíasch ischánan mánnum? Gaschru, schíru, schúpu pár-su-scha!« (Wer ist es, der ihr an Größe gleichkäme, wer? Überlegen stark, hoch erhaben, sichtbar sind ihre Ordnungen.) Sie krampfte die Hände ineinander, rollte ihren Kopf an der Mauer, haltlos, flehentlich, verständnislos. »Es stimmt nicht mehr, stimmt nicht mehr, nicht mehr, nicht mehr«, flüsterte sie.

Dann nahm sie einen Schwung, kletterte auf das Gesims und stand nun geschmückt, von zarten Schleiern umhüllt, hoch über der Stadt Babylon, deren belebte Gassen, Bazare, Tempel und Paläste sich über die weite Euphratebene ausbreiteten. »Hoch, zu hoch, wir haben den Boden unter den Füßen verloren ...« Ihre Füße mit den goldenen Kettchen auf dem staubigen Sims, hoch über der Stadt Babylon ... ihre flatternden Gewänder. So frei, so schön, unsterblich schön ...

»Bleib bei uns«, Mu'allits Stimme erreichte wie von Ferne ihr Bewußtsein. Ein sanfter Traum. »Bleib bei uns. Vielleicht wird dieser bleierne Tag vergehen, vielleicht werden die Könige verschwinden, die Krieger des Nordens sich zurückziehen, vielleicht werden diese lastenden Zeiten sich auflösen wie schwere Gewitterwolken, zerstreut vom Frühlingswind und weggeblasen. Komm mit mir nach Phönizien, dort ist es besser, oder nach Ägypten, oder an die ionische Küste. Laß uns diese Zeiten überdauern. Bleib bei uns. Vielleicht wird es nach vielen Menschenaltern Frauen geben, die mit klarem Bewußtsein erkennen, wer wir waren. Bleib bei uns, Qadischtu, Heilige von Babylon.« (Akkadisches Babylon)

Warum wurden diese alten Riten zerstört? Wodurch wurden sie zerstört? Durch Krieg, innere Schwäche, technische Innovationen, ideologische Propaganda? Wer hatte daran ein Interesse? Woher kommen Rassismus, Militarismus, Gottkönigtum? Was ist die Funktion des Harems? Woher kommt religiöse Gewalt, warum gibt es keine Priesterinnen mehr, warum ist Erotik verpönt, warum wird Ehebruch von Frauen in manchen Ländern so streng verfolgt?

Was haben Judentum, Christentum und Islam gemeinsam, worin unterscheiden sie sich? Warum und wann erfolgte die Machtübernahme durch maskuline Strukturen? Was sind überhaupt maskuline Strukturelemente? Gibt es sie eher im Osten oder im Westen? Kann man die Unterscheidung von »Orient« und »Okzident« aufrechterhalten? Warum findet man im heutigen Arabisch Wortwurzeln, die offensichtlich mit indoeuropäischen Wörtern verwandt sind?

Ich las und verglich, exzerpierte und kombinierte, studierte anthropologische, ethnologische, prähistorische, historische, soziologische, biologische Quellen. Und stellte fest, daß meine Intuitionen manchmal recht treffsicher waren. Das ermutigte mich, sie niederzuschreiben und weitere Szenen zu entwerfen. Sie sind alle im nächsten Buch enthalten und sollen die historisch-soziologische Analyse vertiefen.[2]

V.
Der Bauchtanz verwandelt sich

Bauchtanz – ein Anachronismus?

In den femininen Kulturen der Vergangenheit war der erotische (Bauch)tanz sinnvoll. Er war eine Ausdrucksform weiblicher Spiritualität und sakraler Erotik. Das werde ich im nächsten Buch ausführlich zeigen. Aber Ökonomie, Gesellschaftsstrukturen und Mythen haben sich verändert, das weibliche Kraftfeld wurde zerstört ... und der Bauchtanz wurde zu einem unverstandenen Relikt aus fernen Zeiten ... unverstanden sowohl im Orient wie auch im Okzident. Er wurde zum Gebrauchsartikel, zum schlüpfrigen Amüsement, zur Imitation orientalischer Folklore oder zur musealen Rekonstruktion höfischer, orientalischer Tänze: Eine echte Diskussion über seine Berechtigung wurde niemals geführt.

Formalismus, Detailfixierung, Imitation und Selbstbetrug, peinliche Kommerzialisierung haben ihn von dem entfernt, was er in den Anfängen war: eine Abenteuerreise ins innere Reich der Weiblichkeit, für viele Frauen die Praxis der »Frauenbewegung«. Der Schwung ist raus, Konkurrenzrangeleien und mühsame Werbung beherrschen das Feld.

Müssen wir ihn als ausgedientes Hobby zu Grabe tragen? Ist der Bauchtanz überhaupt noch zeitgemäß? Kann man eine Kunstform, die man erklären muß, damit sie verstanden wird, als Ausdruck des Zeitgeistes betrachten?

Welchen Sinn hat dieser Tanz heute? Heute, in unserer chaotischen, demokratisch-tyrannisch-militaristisch-imperialistisch-kommerziell-verschwenderisch desorganisierten Welt, die immer kleiner wird, betäubt von den donnernden

Düsen der Flugzeuge, umsponnen von einem immer dichteren Netz von Radiowellen?

Benachrichtigungen, Bestellungen, Absagen, Bestechungen, Versprechungen, Verträge und Betrügereien sausen Tag für Tag um die Erde, und im Dschungel der Schlagzeilen und im Flimmern der Fernsehprogramme wird nur eines sichtbar: Niemand weiß, wie die ökologische Katastrophe noch abzuwenden ist.

Jeder weiß, daß die Situation brenzlig ist, jeder weiß, daß die Verbrennungen der industrialisierten Staaten, die sich aus arabischen und persischen Ölquellen speisen, aus unserer lebensfreundlichen Mutter Erde einen höllenheißen, stickstoffübersättigten Planeten machen könnten, wie es die Venus ist. Kinder fürchten sich vor der Zukunft, Erwachsene verdrängen ihre Ängste, um im Geschäftsalltag funktionieren zu können. Politikverdrossenheit macht sich breit, politische Systeme verlieren ihre Glaubwürdigkeit, der Sozialismus ist zusammengebrochen, aber der siegende Kapitalismus begeistert (fast) niemanden ...

Wie bizarr und steril nehmen sich vor diesem Hintergrund die von Europäerinnen getanzten Orientshows aus! Da wird der Busen hochgeschnürt, um größer auszusehen – aber ja nicht entblößt! Wir sind ja anständig! Rosenwangen und Glutaugen werden gemalt, üppige Haarteile eingeflochten, Kostüme mit Perlen übergossen, als müsse man dem Perserkönig höchstpersönlich gefallen. Eine Sklavenerotik wird imitiert. Man begeistert sich am Luxus von Mogul- oder Abbasidenherrschern und ist stolz darauf, wenn man vor einem der heutigen Potentaten tanzen darf. Es ist in Plastik gegossene Unfreiheit. Man kann dies nicht als Kunst bezeichnen, allenfalls als Dekoration.

Denn von Kunst darf man erwarten, daß sie ein Bewußtsein der Gegenwart schafft, daß sie mit dem Zeitgeist flüstert, daß sie vielleicht sogar die Gegenwart transformiert und Wege in die Zukunft aufleuchten läßt!

Der heutige Bauchtanz kann das nicht.

Kreativität und Echtheit – Performance und Bewegungstheater (Schlangenkult und Tempelliebe)

Also müssen wir kreativ werden. Anstatt uns in diesem Feld der ost-westlichen Animositäten, der spirituellen Diskriminierung, der sexistischen Ausbeutung und gegenseitigen Konkurrenz zu zerfleischen, sollten wir den Tanz mit Inhalten füllen, mit dem, was wir wissen, was uns bewegt, mit unseren Visionen und unserer persönlichen Kraft.

Versuche in dieser Richtung sehe ich bei der deutschen Bauchtänzerin Nassim. In ihrer Tanzsequenz »Frauengesichter« (1992) gestaltet sie Themen wie Einsamkeit, Verletzbarkeit, unerfüllte Liebe, aber auch Würde, Weisheit und Wissen von Frauen. – Reaktionen: »Viele Zuschauer reagieren überrascht ... überrascht und nachdenklich. Ich konfrontiere sie mit ernsten Themen, lasse sie gewissermaßen einen ›Blick in den Spiegel‹ werfen ... Und ich bekomme positive Rückmeldungen.«

Sie bekennt sich ganz bewußt zu ihrer eigenen Identität: »Auf meinen Reisen in die Ursprungsländer des Orientalischen Tanzes habe ich den kulturellen Hintergrund dieses Tanzes kennengelernt. Ich weiß jetzt, daß ich immer nur ›Besucherin‹ des Orients war und bleiben werde, weil ich dort mit meiner Mentalität, mit meiner Vorstellung von mir nicht leben könnte. Ich kann und will meine europäische Identität nicht verleugnen, auch nicht in meinem Tanz.« Das ist ehrlich.

Es gehört innere Kraft dazu, auf Showeffekte, auf Glimmer und Glamour zu verzichten und mit der eigenen Persönlichkeit zu arbeiten. Aber nicht alle Versuche, vom Orientalischen Tanz zum Tanztheater überzugehen, gelingen. Oft ist es nur die Fortführung der vorangegangenen Imitation mit neuen Mitteln. Die Tänzerin schwebt gewissermaßen durch die Kontinente, nimmt sich die Rosinen aus dem Kuchen der orientalischen Kultur – Märchen und Geschichten – und schmückt damit ihr eigenes Tanzego. Das erinnert an die Salomes und Suleikas des *Fin de siècle* und an die orientalisierenden Hollywoodheroinen der dreißiger Jahre. Allerdings war damals das kritische Bewußtsein über den europäischen Kolonialismus noch wenig entwickelt. Man konnte es also verstehen, wenn Europäerinnen oder Amerikanerinnen mit einer gewissen Naivität orientalische Muster übernahmen. Heute dagegen könnte man erwarten, daß auch Tänzerinnen ein Bewußtsein über den Nord-Süd-Konflikt haben.

Wenn wir die femininen Elemente des Bauchtanzes aus ihrem folkloristischen orientalischen Rahmen befreien und zu einer getanzten Reflexion über Weiblichkeit, ihre Geschichte, ihre Gefangenschaft, ihre Befreiung, ihre Dynamik, ihre Weisheit usw. gelangen, so sind der persönlichen Kreativität keine Grenzen gesetzt.

Die verschiedenartigsten Themen sind möglich, zum Beispiel Klassenunterschiede zwischen Frauen: Können Frauen über die Klassen hinweg miteinander kommunizieren? Wie stellt sich die arrivierte Frau dar, wie drückt die ausgebeutete oder diskriminierte Frau ihre Weiblichkeit aus?

Zunächst werden sich bei dieser Arbeit Stereotype aufdrängen: Die Arrivierte bewegt sich arrogant, die Ausgebeutete geht gebeugt usw. Aber das ist zu wahrscheinlich, zu platt, es ist eine künstlerische Falle. Wenn man sich von solchen Stereotypen gelöst hat, blitzen plötzlich neue Ideen und Wendungen auf. Und wenn diese neuen Elemente geschickt verflochten werden, kann eine spannungsvolle Kreation entstehen, in der es Sehnsucht und Erfüllung, vor allem aber Echtheit gibt.

Als ich bereits mehrere Jahre lang Bauchtanz unterrichtet hatte, empfand ich immer stärker den Impuls, mit den Bewegungsformen, die mir in Fleisch und Blut übergegangen waren, etwas Neues zu schaffen. Meine Ahnungen hatten sich verdichtet, ich trug bereits die Idee meiner Performance

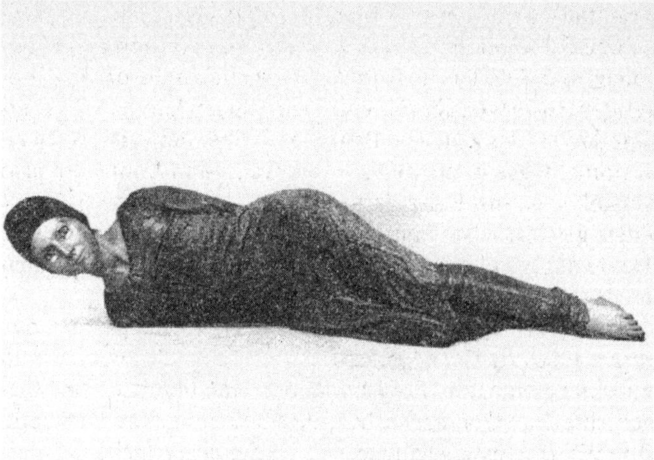

Die Schlange verkörpert geschmeidige Schönheit,
Erotik und Fruchtbarkeit

»Schlangenkult und Tempelliebe« in mir und entwickelte Texte und Bewegungskonzepte.

Die Performance besteht aus drei Teilen: »Isis freut sich« – die Schlangensymbolik, »Pygmäen tanzen noch« – ein Ritual zur Erweckung des Waldes, »Ischtar tobt« – sakrale Erotik und die heutige Ausbeutung von Sexualität und Natur. Jeder Teil geht von einer archetypischen Bewegungsform aus. Der erste Teil thematisiert die Achter- oder Schlangenbewegung, der zweite Teil das ekstatische Zittern, der dritte das Runde, Zyklische. Einige Textausschnitte:

> … Auf drei Ebenen ist die Schlange zu Hause. Unter der Erde – in Höhlen – ist sie die verschlungene Kraft dunkler, verborgener Triebe, auf der Erde ist sie klare Aufmerksamkeit, wachsam, zu Flucht und Verteidigung bereit, dann steigt sie auf, hebt sich nur durch die Kraft ihres eigenen Körpers empor und balanciert sich in der

Schlangenbauch ... Seelenbauch
(Geburt, Tod, Wiedergeburt)

Achterbewegung der Unendlichkeit. Aufgebäumt ist sie das Sinnbild von Weisheit, Macht und Prophetie, sie ist die Stirnschlange der Pharaonen, sie ist Uzait, das Auge der Hellsichtigkeit, sie ist Isis, die Großc, Zauberreiche, die Herrin der Macht, der Schönheit, der Ewigkeit. Aber auch Kundalini, die die brodelnde Leidenschaft der Tiefe zur spirituellen Erleuchtung emporhebt. Das Dunkle und das Helle sind in ihr vereint, Himmel und Erde begegnen sich. Auch das ist Fruchtbarkeit ...

Ich kroch als silbrige Schlange in Windungen über die Bühne (eine Technik, die nur auf Muskelkontraktionen des Oberkörpers beruht, ohne Zuhilfenahme von Armen und Beinen), verwandelte mich vom Tier zur Menschenfrau, die die Schlangenkraft lustvoll in sich fühlt, erlebte dann den Aufstieg zur visionären Spiritualität, zeichnete mit Schlangenhänden die Chakrenwirbel, schlängelte mich mit einem Labyrinthtanz feierlich nach innen, zum Omphalos, dem erdmagnetischen Kraftzentrum (das meist in der Mitte von Tempeln lag), um dann Himmel und Erde in einem Fruchtbarkeitsritual zu vereinigen.

Dann folgte der Themenkreis von Geburt, Tod und Wiedergeburt, der mit der Schlangensymbolik verbunden ist:

Verschlungen im Bauche der Nacht
wandern die Seelen in tiefen Gewässern
Die Sonne im Bauche der Nacht ... verbleicht
Seelenboot irrt in dunklen Gewässern
Wirf das Lot. Tief, tiefer ... Sonnenboot!

Nun kamen die Neugeburt, symbolisch als Häutung der Schlange am Boden, darauf die Reifung des jungen Mädchens zur Frau mit einem Menstruationsritual, dann die Empfängnis: das »Auffangen« einer Seele, die sich inkarniert, und schließlich Schwangerschaft und Geburt. Das Mondkind war geboren!

Die Söhne der Sonne … töten

… Apoll, in strahlendem Sonnenglanz goldumflossen,
tötet die Schlange Python und wird zum Herrn des Orakels

Der Regenwald ist ihre Lebensbasis.
Können wir noch aufhören, ihn zu zerstören?

Aber dann gab es einen jähen Bruch, wie in der Geschichte, so auch auf der Bühne. Die matrilinearen Bräuche des Südens wurden durch den Einbruch nördlicher Nomaden unterbrochen.

In vielen indoeuropäischen Mythen kommt die Gestalt des Schlangentöters vor: Ich verließ die Bühne und trat als Sonnenheld und Schlangentöter mit herrischen, martialischen Bewegungen wieder ein. Es folgte der Schlangenkampf: Der Krieger siegt ... aber er erschrickt vor sich und legt Helm und Rüstung ab. Er verwandelt sich in die goldgeflügelte Schlange, die nochmals in den Spiralen der Evolution vom Boden aufsteigt und den Kreis der Unendlichkeit zeichnet.

... der Zyklus endet, der Zyklus beginnt, ohne Ende, ohne Anfang ... Ewigkeit. Ich bin die Schlange der Ewigkeit, ich sterbe und werde wiedergeboren ...

Am ägyptischen Pharaonenhof tanzten
Pygmäen aus Zentralafrika.
Gingen sie freiwillig mit?
Wurden sie verschleppt?

Dann folgte der Tanz von Pygmäensklaven am altägyptischen Pharaonenhof, der sich in ein Ritual zur Erweckung des Waldes mit Sprüngen, Zappeln, Zittern und Pantomime verwandelte.

Die Pygmäen, die im Regenwald von Äquatorialafrika leben, glauben, daß der Wald geschlafen hat, wenn ein Unglück passiert, also wenn eine Krankheit ausbricht oder ein Kind vom Leoparden geraubt wird, und versuchen ihn dann mit verstellten Stimmen zu wecken.

Natürlich ist dieses kurze Stück keine ethnologische Beschreibung, vielmehr versuchte ich, aus der Spannung zwischen meiner mitteleuropäischen Identität und der eines Pygmäenzauberers das Gemeinsame herauszufinden, das uns verbindet: die Erde, die jetzt so klein geworden ist – Fluggeräusche, Holzschlägereien vermischen sich mit Trommeln und magisch deformierten Stimmen.

Dieses Stück war kurz und beschwor ähnlich wie das vorige die Naturgeister der archaischen, animistischen Kulte herauf: Bäume, Früchte, Lianen, Knollen, Waldschweine, Vögel. Aber der zerstörerische Einbruch der Zivilisation ist deutlich geworden. Und das ist aktuell ... wir wissen alle um die Bedrohung der Regenwälder.

Dies bildete gleichzeitig die Überleitung zum dritten Teil, wo ich die Heilige Erotik Mesopotamiens darstellte. Sie fand geschichtlich gesehen ihr Ende durch den Sieg des patriarchalen Monotheismus. Und genau wie die Erotik vom Sakralen gespalten wurde, so wurde auch die Natur zu einem Objekt der Ausbeutung durch den Menschen.

Auszüge aus dem Einleitungstext:

> ... wenn Priesterin und König in der Heiligen Hochzeit miteinander verschmolzen, so wurden die Felder mit kosmischer Energie geladen ... die Menschen fühlten sich dem Zyklus der Natur verwandt ... Erotik war heilig, jahrhundertelang, jahrtausendelang ... und dann nicht mehr! Vermarktet, versklavt, vergewaltigt wird

heute die Erde … sie wird als Ware vermarktet, genauso wie auch Sex als Ware vermarktet wird …

Ich zeige erst den Wachstumszyklus der Pflanzen: Ich liege am Boden, arbeite mich langsam aus der winterlichen Starre empor, öffne mich den Sonnenstrahlen des Frühlings, erlebe in mir das Wachstum der Pflanze, tanze einen sommerlichen Fruchtbarkeitstanz mit runden Bewegungen, verausgabe mich in Blüte und Frucht, welke im herbstlichen Glück der Erfüllung wieder zu Boden und vollende damit den Kreis. Plötzlich helles warmes Licht. Ich lausche als auferstandene prähistorische Frau einem mesopotamischen Hymnus an die Große Göttin:

> Bunt schillern deine Augen, Herrin der Farben, Leben ist dein Mund … *Ich führe den Mann zur Frau, die Frau zum Mann* … Ischtar, wo du bist, ist Heiterkeit, verführerischer Reiz und Fruchtbarkeit. Ischtar, Gebärerin allen Lebens, prachtvoll ist dein Gewand. *Wenn eine Frau vor Lust leuchtet und strahlt, so bin ich bei ihr, wenn eine Frau das Trauergewand trägt, so bin ich bei ihr.* Bunt schillern deine Augen, Herrin der Farben. *Die Schwachen lade ich in mein Haus, die Starken vertreibe ich, die Himmelsstürmer binde ich an den Boden, wer Schätze sammelt, dem stehe ich im Weg.*

Psychedelisch buntes Licht. Ich verwandle mich in eine Tempelpriesterin und tanze zeremoniell mit Zimbeln, Schleier, Wasserschalen, Weihrauch und Kerzen, nehme erotische Yogahaltungen ein und erlebe feierliche Ekstase.

Dunkelheit. Dann bleiches Licht. Ich kehre als moderne Prostituierte wieder, die die kommerzielle Umweltzerstörung gewissermaßen am eigenen Leibe erleidet:

> … das ist ein lukrativer Job, Mädchen, da kannst du tanzen, oben ohne, unten ohne, da fließt das Geld! …

> Protecting our vested interests in the gulf area, key industries highly depend on fossile fuels, suck it, drink it, da fließt das Geld, los, Mädchen, zieh dich aus …
> … zerrissen ist dein Gewand, aus schwärenden Wunden schürfen sie, schlürfen sie dein dunkles Blut. Schwarzglänzende Seen schwappen, verfeuert, verbrannt …
> … Milliarden, Milliarden Auspuffverkehrbleistickoxidkarbonverkehrölbrandgasstaustickgiftverkehrjetauspufföl! Die Freier reichen sich die Hand. Energie! Ahh, Energie! … Verkehr, Verkehr!

Die Frau, die zur Prostituierten, zum Sexobjekt geworden ist, widersetzt sich und verwandelt sich in die Große Göttin zurück … die Verkörperung der Natur, die über den Menschen steht.

Das Konzept hatte ich, nur fehlte mir zunächst der Entschluß zur Verwirklichung. Was bedeutete es, vom bloßen Tanz zum Bewegungstheater überzugehen, wie sollte ich Tanz und Text verbinden, woher sollte ich die Musik nehmen? Und die Männerstimmen? Und die Beleuchtung, die in diesem Stück sehr wichtig ist? Und dazu kamen noch die Kostüme und viele kleine andere Dinge, die bei einer Theateraufführung nötig sind. Bisher hatte ich nur zwei kürzere Performances gemacht, eine über die Geschichte der Astronomie, eine andere über die Mondsymbolik. Beide waren fast ohne Text, die Musik hatte ich aus bestehenden Stücken, Geräuschen und meiner eigenen Stimme auf dem Mischpult zusammengemischt. Das war noch einfach gewesen.

Aber dies war ein größeres Projekt. In diesem Augenblick kam mir Hans Echnaton Schano zu Hilfe. Er las mein Stück und ermutigte mich. Er hatte jahrelang avantgardistisches Theater gemacht, in brasilianischen Favelas, in sizilianischen Amphitheatern, in New Yorker Untergrundbühnen gespielt und Regie geführt. Er schlug mir vor, auf Männerstimmen zu verzichten und alles selbst zu sprechen. Statt

Versklavt, vergewaltigt wird heute die Erde ...
Ihre Schätze werden ausgebeutet, ihre Reichtümer zerstört.
Sie wird vermarktet als Ware, wie auch Sex als Ware vermarktet wird.

Frauen, die im Tempel lebten, liebten und tanzten, hießen im akkadischen Babylon Qadischtu – Geheiligte ...

Naturalismus also die Wiedergabe der Männer aus weiblicher Sicht.

Schließlich rang ich mich durch, auch die Musik selbst in einem Tonstudio zu erstellen. Ich sprang mit beiden Füßen voraus in ein vollkommen neues Gebiet.

Ausgehend von den Bewegungsabläufen gestaltete ich die Abfolge von Geräuschen, Trommelsequenzen, Stimme, Gesängen und Texten, ich legte Melodielinien auf ungerade Takte, rechnete Minuten und Sekunden aus, ich sprach, trommelte, stöhnte, schrie, lachte, zischte und sang. Und es glückte. Nach siebzig Stunden Studioarbeit war der Soundtrack fertig.

Nun kamen die Proben: Es war intensive Arbeit, vom Tanz zum Schauspiel überzugehen. Weg mit rein ornamentalen Gesten, weg mit sinnlosen Bewegungsfloskeln. Jede Bewegung muß aus einem inneren Erlebnis kommen! Manchmal sträubte ich mich dagegen, meine vertrauten Bewegungen

… Ihr Tanz, ihre lockende Schönheit war Kunst und Kult,
die Hure war Priesterin – Erotik war heilig,
Jahrhunderte lang, Jahrtausende lang.

loszulassen, in unbekannte Emotionen einzusteigen, neue Bewegungen erst entstehen zu lassen, anstatt sie schon vorher zu wissen. Hans E. Schano war für mich ein Spiegel.

Er half mir durch seine Regiearbeit, mein Konzept zu verwirklichen. Er vertiefte sich in meine Texte so sehr, daß ich neue Dimensionen in dem erkannte, was ich selbst geschrieben hatte.

Diese Performance führte ich zum erstenmal im Mai 1991 und dann wieder im November 1991 auf.

Die Reaktionen des Publikums waren widersprüchlich: Einige Männer waren enttäuscht, weil sie exotisches Varieté mit Schlangentanz und Sexappeal erwartet hatten, zwei Damen wiederum verließen den Saal, weil es ihnen *zu* erotisch war. Ein Liebhaber des indischen Tanzes meinte, der Sinn sei für den Durchschnittsbürger nicht deutlich genug zum Ausdruck gekommen, eine Theaterliebhaberin entgegnete, da müsse er wohl ein Trottel sein, wenn er das nicht kapiert habe, ihr war's *zu* deutlich. Einige vermißten den Bauchtanz (!), andere lobten, daß jede Bewegung durchdacht gewesen sei. Einer bemängelte, daß es nicht genügend unter die Haut gegangen sei, andere fanden, es sei ein »starkes Stück«, es »wirke noch nach«, und waren tief beeindruckt.

Eine Frau weinte und beschuldigte dann den Regisseur, daß er mir die Harmonie genommen hätte, die ich in den Kursen ausstrahlte (meinen eigenen Sinn für Drama wollte sie mir nicht zugestehen).

Eine andere flüsterte mir dankbar zu, daß sie sich im Schoße dieses Stückes so geborgen gefühlt hätte, weil es eine so weiblich zauberhafte Stimmung ausgestrahlt habe. Eine türkische Studentin setzte sich nach der Aufführung neben mich und lächelte mich immer nur von der Seite an. Am meisten freute ich mich, als eine Zuschauerin die gelungene Synthese von Intellekt, Poesie und Sinnlichkeit lobte.

Was mich aber vor Staunen fast von den Socken riß, das waren die seltsamen Reaktionen auf nackte Haut. Im letzten

Teil, dem Ischtarteil, lag ich als »Tote im Bauch der Erde« auf der Bühne und erhob mich langsam, um den Zyklus der Jahreszeiten und dann den Ischtarhymnus zu erleben. Dabei hatte ich einen Lendenschurz aus groben Geweben an, oben aber nichts ... außer dicken Schichten von rotem Erdpuder und einer magisch-unwirklichen Beleuchtung. Diese beiden Szenen dauerten einige Minuten, dann legte ich auf der Bühne das zeremonielle Tempeltanzgewand an – Gürtel, Rock, Oberteil und Schmuck – und verschleierte mich obendrein.

Trotzdem ging eine Bauchtänzerin später giftspeiend auf mich los: »Warum hast du dich ausgezogen?!!!« Dabei hatte ich mich ja angezogen! Sie war nicht die einzige: Eine Psychologin war nach dem Stück so aufgewühlt, daß sie auf der Heimfahrt heftig am Lenkrad riß und immer wieder sagte: »Diese Nacktheit! Also mich hat das gestört! Sie ist viel zu dünn, viel zu dünn!«

Zwei andere Frauen sagten mit wohlwollend-wissendem Lächeln: »Wenn du molliger wärst, hättest du dich dann auch ausgezogen?« Diese paar Minuten in selbstgewählter Halbnacktheit bewegten die Gemüter!

Merkwürdig, über alle Maßen merkwürdig! Daß die Erde vergewaltigt, ausgeplündert und nackt und verwüstet liegengelassen wird, bewegt sie nicht ... ein bißchen unheimlich beleuchtete Haut beschäftigt sie noch im Traum ... merkwürdig!

Im nachhinein habe ich es so gedeutet: Unter den Kompromissen, die Frauen machen, ist der größte Kompromiß die Entkleidung. In aufsteigender Linie: Ein angepaßtes Keep Smiling, ein widerstandsloses Sich-Betatschen-Lassen für Gut-Wetter beim Chef, heimlicher Sex für einen beruflichen Aufstieg, Striptease für Geld.

Und nun sahen sie eine zarte Gestalt halbnackt auf der Bühne, zart und zerbrechlich vielleicht. Und doch stand sie dort und war stark und präsentierte die Kraft eines femininen Sinnzusammenhanges. Ganz offensichtlich war diese Nacktheit *kein* Kompromiß! Und um so schärfer müssen diese Frauen ihre eigenen Kompromisse empfunden haben. Und um so verstörter waren sie!

Kunst ist nicht gefällig. Kunst ist scharfkantig und kompromißlos.

Nur, was aus tiefer Seele erlebt und ausgedrückt wird, ist dynamisch, fruchtbar und sinnvoll. Wenn der Bauchtanz irgendeinen Anspruch auf Kunst haben soll, dann weg mit den oberflächlichen Orientshows, den Imitationen aus zweiter und dritter Hand! Wir müssen es wagen, häßlich, schrecklich, schwach, nackt, verkommen, aggressiv, traurig, wahnsinnig oder urkomisch ... und dennoch weiblich zu sein, wir müssen es wagen, unserem Schatten zu begegnen, anstatt mit aufgeklebtem Lächeln eine heile Welt vorzuspiegeln. Je tiefer wir nach innen gehen, desto reifer können wir auch nach außen treten.

Erst wenn wir uns unserer eigenen Wahrheit öffnen und nichts mehr verdrängen und beschönigen, kommen wir dem Puls der Geschichte näher. Erst dann können wir verwandeln – und das ist der Sinn der Kunst. Und dann entstehen aus der Bauchtanztradition vielleicht noch interessante, kraftvolle und feminine Werke.

Natürlich: Nicht jede Frau, die tagsüber arbeitet, kann bühnenreife Performances entwickeln. Das erfordert künstlerische Erfahrung und die mentale Kraft, Konzepte zu entwerfen und in Bewegung umzusetzen, ferner auch Organisationstalent und vor allem Zeit, Ausdauer und Willenskraft.

Dieser Weg wird also nur wenigen vorbehalten sein. Es ist ein abenteuerlicher Weg, denn die Künstlerin, die die Sicherheit einer traditionellen Form hinter sich läßt, befindet sich in einem Niemandsland. Die Vergangenheit befriedigt sie nicht mehr, die Zukunft muß sie erst gestalten!

Feste feiern ... die Funktion der Tänzerin – das Publikum verwandeln

Unter Bauchtanz stellt man sich trotz aller Aufklärungsarbeit, die inzwischen geleistet wurde, im breiten Publikum noch immer ein exotisches Remmidemmi vor. Da kommt eine meist beleibte, glitzrige Dame in den Festsaal, die Musik dröhnt, die Stimmung steigt; und wenn sie dann das Geburtstagskind, den fünzigjährigen Familienvater und Büroleiter, zum Tanz auffordert, haben alle ihren diebischen Spaß, weil er ja nicht weiß, wie er sich bewegen soll, und weil er immer so steif am Bürotisch sitzt. Aber die dröhnende Musik, der Sekt, das Gewirbel und das Klatschen und Lachen der Gäste lassen die Hemmungen hinwegschmelzen, so daß er den Videofilm Jahre später dann kommentieren kann: »Und das bin ich mit der Bauchtänzerin an meinem fünfzigsten Geburtstag, das war eine Gaudi damals!«

Wenn ich bei solchen Gelegenheiten tanzte, war ich manchmal innerlich frustriert, fühlte mich verhanswurstet. Das ästhetische Niveau des Publikums erschien mir desillusionierend. Wie konnte ich lyrische Passagen ausagieren, wenn sie schon rein physisch im Bierdunst erstickten? Wie weit war dieses feuchtfröhliche, sexuell enthemmte und unbeholfene Publikum doch von meinen künstlerischen Ansprüchen entfernt! Sollte ich solche Auftritte von vornherein ablehnen? Aber dann gab ich meinem Herzen einen Stoß und empfand plötzlich Mitgefühl für diese Menschen, die nun eben feiern wollten. Ich war es, die ihnen jetzt etwas zu geben hatte und auch geben wollte; und diese heimlich durchdringende, silbrige Liebe lag tiefer als meine ästhetischen und zeremoniellen Grundsätze, sie war wirksamer. Ich tanzte aus dem Herzen, ich erreichte die Menschen, sie wurden still und öffneten sich.

Einmal tanzte ich für eine Werksabteilung von Elektroinstallateuren. Die Situation war komisch genug: In einem Versammlungsraum mit unverputztem Zementmauerwerk an Decke und Wänden, aus dem Rohre und Drähte heraushingen, stand ein mindestens zwanzig Meter langer Tisch, an dem sämtliche Installateure wie in einem Klassenzimmer aufgereiht saßen. Und während ich tanzte, lief witzigerweise der Fernsehapparat im Nebenzimmer: In einer Dallas-Serie tanzte eine Bauchtänzerin. Zur gleichen Zeit.

Als ich hinterher noch zur Torte eingeladen wurde und mit ihnen allen am langen Tisch saß, fielen einige anzügliche, sexistische Bemerkungen. Aber statt nun »souverän« zu schweigen oder beleidigt wegzuschauen, griff ich sie gutmütig auf, nahm sie auseinander und setzte sie umgekehrt wieder zusammen. Ich hielt einen fünfzehnminütigen Stegreifvortrag und führte das gesamte Team in die Geschichte der Erotik, in die Problematik von Doppelmoral, Spirituosen und Aphrodisiaka (Spiritualität und Erotik) ein, sprach von Schleiern der Isis, von Chakren und vom Zeremonienklau der christlichen Kirche. Ich kitzelte ihren Lachnerv, so daß sie an manchen Stellen in schallendes Gelächter ausbrachen. Und am Ende kamen sie einer nach dem anderen zu mir, jeder drückte mir die Hand, sie bedankten sich, fast schon mit feuchten Augen. Wer hätte das gedacht? Wer hätte gedacht, daß Männer, die wie Machos aussahen, sich plötzlich als Brüder entpuppen würden?

Auf Festen und Versammlungen wird die Tänzerin zum Gefäß, zum Kristallisationspunkt für die Stimmung der Feiernden. Sie ist nicht nur Dekoration, sie hat eine Funktion. Es erfordert Mut, Konzentration und Hingabe, in die Mitte der Festgesellschaft zu treten, aller Augen auf sich zu ziehen, aller Blicke zu erwidern, ohne von ihnen verschlungen zu werden. Es erfordert Sensibilität, die Stimmung des Publikums zu spüren, Reaktionsfähigkeit, sie in Bewegung und Ausdruck umzusetzen – ganz abgesehen vom tänzerisch-musikalischen Können.

Zum Brennpunkt von Energien zu werden, Energien zu bewegen, Energien zu verwandeln, das ist die Aufgabe der

Tänzerin, und Verwandlung ist die Zauberkraft des Tanzes. Die Zuschauer werden aus ihrem Alltag entrückt und für Minuten oder Stunden in ein Reich der Trance, der Begeisterung getragen. Und das hängt nicht von Kostüm und Schminke, sondern von Persönlichkeit und Hingabe der Tänzerin ab.

Vor einiger Zeit sah ich die Bühnenfassung eines Festes – getanzt von einer ugandischen Gruppe. Acht Frauen zuckten minuten- und stundenlang mit rasend schnellen Hüftschwüngen, mit Oberkörperzittern, mit Wellen- und Kreisbewegungen über die Bühne. Aufrecht, aufrecht, immer dieselben Bewegungen.

Sie trugen breite Hüftgürtel, an denen dichte Bastfransen hin- und herpeitschten. Die Energie wurde immer dichter. Es waren die typischen Bauchtanzbewegungen, die typische Bauchtanzhaltung, die typischen Bauchtanzkörperzentren. Hier war der Ursprung! Ich war gepackt, ich war gefesselt. Ich konnte die Tränen nicht zurückhalten.

Hier konnte man etwas von der echten Funktion des Tanzes spüren: ein weibliches Energiefeld erschaffen, verdichten, aufblitzen lassen.

Und dann kamen die Männer und tanzten mit wilden Sprüngen um diese Frauen, während die Frauen immer weiter mit ihren Hüften arbeiteten, immer weiter an ihrem Energiefeld arbeiteten. Das war das Fest, das war die Zeremonie. Alle feierten mit. Alle waren dabei. Diese Tänzerinnen und Tänzer brauchten keine Showeffekte. Sie wirkten.

Einen ähnlichen Eindruck gewinne ich, wenn ich Suheir Zaki tanzen sehe. Auch sie braucht keine Showeffekte, keine komplizierten Bilder. Sie erfaßt die Stimmung des Publikums, sie ist der Kanal, durch den die Begeisterung ihres Publikums aufsteigt. In immer neuen, spontan entstehenden, fließenden, bebenden Ornamenten ihres Körpers stützt sie dieses Energiefeld, gibt ihm immer neue Nahrung. Es ist wie ein prolongierter Orgasmus, eine immer länger anhaltende Verzückung, die zwischen der Tänzerin und dem Publikum stattfindet ... ein stetiges Jetzt, Jetzt, Jetzt ohne Anfang, ohne

Ende. Dieses Jetzt ist das Fest. Und wenn ich Suheir Zaki durch die Wimpern anschaue, so daß ihre Gestalt verschwimmt, sehe ich, daß ihre feinstofflichen Körper in wunderbarer Harmonie miteinander verbunden sind. Nirgendwo kommt die Energie ins Stocken, nirgendwo wird sie zu dünn. Alle Zentren sind lebendig. Sie ist ebenso im Körper wie in den Emotionen wie im mentalen Bewußtsein. Sie wirft nach dem Tanz dem Publikum dessen Begeisterung zurück, mit einer Kußhand. Aber das ist keine leere Pose, sie wirft die Kußhand mit Kraft in die Menge. Und die Energie kommt an. Die Energie ihres Herzens. Sie bleibt dem Publikum nichts schuldig. Sie ist kein Vampir, der fasziniert und sich bewundern läßt. Sie ist das Fest.

Vielleicht gelingt es uns, wieder eine Kultur des Festefeierns zu initiieren, wo lebendige Kunst den Konsum von Konserven in den Hintergrund drängt. Es geht um die lebendige Gegenwart, um Phantasie in der Improvisation, um das Spiel mit den Energien, die im Raum vorhanden sind, so daß jede Person erfaßt wird. Hier sind Echtheit, innere Teilnahme gefordert, die Bereitschaft, zu transformieren und sich transformieren zu lassen.[3]

Auch bei solchen Anlässen können wir uns vorsichtig zu mehr Kreativität vorantasten: zum Beispiel zuerst ein Stück klassischen Bauchtanz, dann ein frei entworfenes kurzes Performancestück oder ein kleiner Text, vielleicht sogar eine Stegreifansprache, und schließlich die Einladung zu gemeinsamem Tanzen.

Ich habe einmal eines von meinem Gedichten über den »Kupferhauch von Aphrodites Insel« vorgelesen, danach tanzte eine Schülerin von mir, die tatsächlich aus Zypern stammte. Sie bewegte sich wie eine lebendig gewordene Alabasterstatue der Aphrodite. Wort und Bewegung waren in eins verschmolzen. Ihr Tanz wuchs gewissermaßen aus dem Klang der Worte hervor.

Um freiere Aktionen souverän durchzuführen, braucht die Tänzerin natürlich Auftrittserfahrung, Selbstsicherheit und

Phantasie. Vor allem muß sie die innere Kraft haben, die Spannung aufrechtzuerhalten. Je mehr sic mit Überraschungsmomenten arbeitet, desto sicherer muß sie die Atmosphäre lenken und bestimmen können. Das birgt natürlich mehr Risiko, als wenn man einfach die Musik ablaufen läßt, korrekt tanzt und liebreizend lächelt.

Aber ich glaube, es lohnt sich. Denn selbst wenn das Publikum in seiner stereotypen Erwartung enttäuscht ist und nicht weiß, ob es nun lachen, weinen, klatschen oder schweigen soll - die Wirkung ist vorhanden. Die Wertung ist unwichtig. Zu glauben, man müßte der Erwartung des Publikums entsprechen, um Erfolg zu haben, ist ein Trugschluß. Das Publikum will auch gefordert werden, es will sich weiterentwickeln, es will sich mit Dingen auseinandersetzen, die es bisher noch nicht kannte. Und auf diese Weise erwirbt sich die Tänzerin den Ruf des Besonderen, des Ungewöhnlichen, und das ist langfristig ein besseres Renommée als das der angepaßten Bauchtanzkunst.

Lernprozesse und Kreativität in Gruppen und Workshops

Kreative Entwicklungen dieser Art können ohne Auftrittszwang auch in Seminaren und Workshops stattfinden, als Selbsterfahrung in der Gruppe, als innere Arbeit. Ich hoffe, daß Bauchtanzseminare in Zukunft nicht immer nur neue Schrittvariationen und noch ein paar folkloristische Tänze mehr vermitteln werden.

Viel spannender ist es doch zu erleben, wie sich unsere Erfahrungen von Weiblichkeit in der körperlichen Bewegung, in Gestik und Mimik ausdrücken: Wie sehen wir aus, wenn wir sexuell frustriert sind, wie, wenn wir aprikosenrosaglühend glücklich sind? Wenn wir sakrale Feierlichkeit ausstrahlen? Wenn wir übergangen werden, uns fürchten oder unsere Macht ausspielen?

In Seminaren habe ich Studentinnen aufgefordert, in Worten zu formulieren, welche Identität, welchen Charakter sie beim Tanzen am meisten ausdrückten. Da sie immer nur um Vollendung kämpften, waren sie noch nie auf die Idee gekommen, sich solche Fragen überhaupt zu stellen. Aber schon kamen die verschiedensten Antworten, die ich aufgrund eigener Beobachtungen ermutigte und vervollständigte: Weibliche Reserviertheit mit stillem, wissendem Lächeln, das im Nicht-Sagen doch vielsagend ist, drückte die eine aus; erotische Souveränität, die aus einer tiefen Mitte kommt, die sich keinem Gebot beugt, eine andere. Eine Teilnehmerin verströmte mütterlich-liebevolle Hingabe im Raum, für eine andere war ihr Tanz nur Freude und Dankbarkeit, daß ihr »alles geschenkt« wird. Es war erstaunlich, wie deutlich, wie individuell und unverwechselbar die einzelnen Charaktere zum Vorschein kamen.

Und natürlich wachsen in einem solchen Umfeld keine Konkurrenz und kein Neid. Denn man hackt sich nicht die Augen aus, um auf der Leiter der Perfektion nach oben zu klettern und schließlich zur Diva zu werden, wie es so oft in Bauchtanzkreisen der Fall ist. Jede bemüht sich ja um ihre Individualität. Und die kann ihr niemand nehmen. Bewußte Individualität ist befriedigend.

Daraus kann dann eine vertrauensvolle Gruppenarbeit entstehen, die zu innovativen gemeinsamen Auftritten führt, die nicht auf Dreß und Drill und Auswendiglernen beruhen. Eine günstige Methode bei dieser Arbeit ist *Contact Improvisation.* Diese Bewegungsform basiert auf Gewichtsverlagerungen zwischen Partnern und beinhaltet Berührung, Schwerkraft, Tragen, Heben, Körper an Körper Abrollen, Übereinanderkriechen ... Man gewinnt dadurch eine Innenwahrnehmung des eigenen Körpers, Orientierung im Raum und multidimensionale Bewegungsmöglichkeiten, da man ja auf den Körper des anderen reagieren muß.

Energie- und Balanceübungen können Selbstsicherheit und Präsenz vermitteln, Ausdrucksübungen und Reflexion können für die Entfaltung der persönlichen Identität der Tänzerin fruchtbar sein. Und zwar bei Auftritten auf der Bühne, bei Festen wie auch im Alltag!

Bewußte Erotik

Durch die Bauchtanzwelle sind Tausende von Frauen ganz wörtlich in Bewegung geraten. Sie haben sich in den Hüften gelockert, haben konvulsive Bauchrollen erlebt, haben unbewußt, halbbewußt einen Vorgeschmack davon gewonnen, wie sich ein entfaltetes weibliches Kraftfeld anfühlen könnte. Und diese Erfahrung ist, so glaube ich, ebenso wenig umkehrbar wie die Bekanntschaft mit Kaffee oder Jazzmusik. Es ist zum selbstverständlichen Teil der Alltagskultur geworden.

Erotische Bewegungen, die man sonst nur in Harems oder Nachtclubs vermutete, haben sich als »weibliches Allgemeingut« herausgestellt.

Wir haben also gelernt, die Hüften zu schwingen, lustvoll zu zittern, Energien im Bauch kreisen zu lassen, die Koketterie unserer Armbewegungen auszukosten, wir haben die Erotik in uns freigesetzt ... was tun wir nun damit?

Sollen wir immer noch mehr Tanztechnik einüben, auf der Suche nach der Perfektion der Diva? Die erotische Lockerheit wegperfektionieren? Das ist eine Sackgasse, da wird Tanz zur Sucht, die nie befriedigt. Was also tun wir jetzt mit der freigesetzten Erotik?

»Entfesselte« Erotik ist eine Kraft.

Nach dem ersten Bauchtanzseminar, an dem ich teilnahm, waren meine erotischen Energien wie aus einem langen Schlaf erwacht. Zu dieser Zeit schrieb ich an meiner Doktorarbeit in Soziologie und mußte noch Pflichtseminare besuchen. In einer Pause setzte ich mich gut gelaunt in vollem, sattem Schwung mit einem weiten, bauschenden Rock auf einen Tisch, an dem einer meiner Professoren saß. Der

Schwung war ebenso überzeugend wie spontan: Der Wissenschaftler zuckte überwältigt zusammen.

Ich staunte: Vorher hatte ich einen Krampf im Hirn, versuchte die Welt in immer enger gerasterten Begriffen zu erfassen, war immer auf der Hut, nur nichts Unbewiesenes und Anfechtbares verlauten zu lassen. Und nun? Da genügte die schwungvolle Präsenz meines weiblichen Körpers, um die Selbstkontrolle eines routinierten Intellektuellen ins Wanken zu bringen? Das war offenbar eine ganz unmittelbare Kraft.

Dieselbe Kraft verspürte auch eine meiner Studentinnen, eine etwa fünfzigjährige Pädagogin. Sie legte durch die Bauchtanzbewegungen schnellstens ihre sexuellen Hemmungen ab und verspürte plötzlich ihren gewaltigen, verdrängten Hunger nach sexueller Befriedigung. Sie glaubte, alles versäumt zu haben. Aber ihr Mann war unfähig, mit ihren Forderungen Schritt zu halten, es kam zu einer Ehekrise. Ich nehme an, daß er die Bauchtanzkurse verwünscht hat.

Das Unvermögen (von Männern und Frauen), mit erotischer Energie umzugehen, hat natürlich Ursachen. Im nächsten Buch werde ich darauf genauer eingehen. Unter anderem haben patriarchale, monotheistische Religionen unsere erotischen Empfindungen verstümmelt. Diese Traditionen wirken noch immer fort, und wenn Frauen sich mit Bauchtanz »einlassen«, werden sie früher oder später mit der Nase darauf gestoßen.

Eine israelische Bauchtänzerin erzählte, daß der Bauchtanz seit einigen Jahren in Israel floriere und mehr und mehr Anhängerinnen gewinne, daß man auch immer öfter eine Bauchtänzerin zu Hochzeiten engagiere. Das habe die orthodoxen Rabbis auf den Plan gerufen: Sie drohten, allen Lokalen oder Restaurants, die eine Bauchtänzerin auftreten lassen wollten, die Genehmigung für das Anbieten von koscherem Essen entziehen zu lassen. Und da darauf niemand verzichten wollte, schon gar nicht bei einer Hochzeit, mußten die Bauchtänzerinnen Verluste verzeichnen. Aber schließlich konnten sie sich doch durchsetzen.

In unseren Breiten gibt es kaum offizielle religiöse Repression, denn die Macht der Kirche ist geschwunden, die Zeiten, in denen Hunderttausende, wenn nicht Millionen von Frauen als »Hexen« hingerichtet wurden, sind vorbei. Es ist schon vorgekommen, daß Bauchtänzerinnen im Kulturprogramm evangelischer Kirchen auftraten; auch von einem Vortrag auf einem Katholikentag habe ich gehört.

Die feministische Theologie – manchmal auch Thealogie genannt – interessiert sich für die kanaanitischen Göttinnen, und immerhin kommen in der Bibel zwei Tanzbeschreibungen vor: die von Salome, und die der Shulamit des Hohen Liedes von Salomon. (»Tanze uns den Lagertanz!« – Damit dürfte wohl kein Heereslager gemeint sein.)

Im Alltag aber gibt es natürlich Repression und Verunsicherung angesichts weiblicher Erotik: Eine meiner Schülerinnen mußte ihre Bauchtanzkurse zu Hause verheimlichen. Und als es durch einen dummen Zufall doch ans Tageslicht kam, war ihr katholischer Vater einem Herzinfarkt nahe, jammerte und schrie, daß sie ihn betrogen habe (sic!), daß er sich nicht mehr auf der Straße blicken lassen könne, daß seine Tochter sich in Hurenlokalen feilbiete u. ä. mehr. In der gegenwärtigen fundamentalistischen Bewegung des Islam geht es noch etwas handgreiflicher zu: Ägyptischen Bauchtänzerinnen wird körperliche Gewalt angedroht, wenn sie weiterhin tanzen, »Sittenwächter« kontrollieren die Lokale, und wenn eine Tänzerin die Norm der »Anständigkeit« verletzt, verliert sie ihre Konzession. Sogar im Parlament wurde schon ein Gesetzesantrag gegen diesen »Schandfleck der Nation« eingebracht. Es klingt unglaublich, daß Bauchtänzerinnen Opfer von Verfolgung werden, aber ich habe es von mehreren Seiten gehört.

Das zeigt, daß wir uns mit Erotik befassen müssen. Mit unserer eigenen, mit der unserer Partner, Freunde und Freundinnen. In Seminaren, im Alltag, in der Allnacht. Die ständige Verfeinerung der Tanztechnik, um Faszination und Illusion zu erzeugen, ist eine Sackgasse, ein Ausweichen vor dem viel drängenderen Problem, eine erotische Kultur zu schaffen. Die sexuelle Revolution der sechziger und siebziger Jahre hat dies nicht geschafft. Sie hat zwar Tabus gelokkert und dadurch überhaupt erst den Boden für eine »Bauchtanzwelle« vorbereitet, aber andererseits hat sie auch zu einer manchmal gefühllosen Beliebigkeit und oberflächlichen Vermarktung der (weiblichen) Sexualität geführt.

Kurzum, die sexuelle Liberalisierung hat nicht automatisch zu einer Aufhebung von Herrschaftsverhältnissen zwischen Mann und Frau geführt. Sie hat auch den unerotischen Alltag unserer Gesellschaft, der von Workoholismus, Streß, Konsum und Reizüberflutung geprägt ist, kaum verändert.

Ob Frauen und Männer nun als Singles oder in festen (ehelichen) Beziehungen leben, spielt keine wesentliche Rolle. Ehefrauen können genauso frustriert wie Junggesellinnen sein, Familienväter ebenso verantwortungslos mit Sexualität umgehen wie Unverheiratete. Sie können ihre ahnungslosen Gattinnen mit dem Aidsvirus anstecken, den sie sich im ungeschützten außerehelichen Geschlechtsverkehr zugezogen haben. Und die Inflation der Pornovideos mit Gewaltszenen oder Kindersex zeigt nur, daß es um die erotische Kultur, das erotische Bewußtsein, die erotische Erfüllung in dieser Gesellschaft nicht zum besten steht.

In der entwickelten erotischen Kultur der frühen femininen Gesellschaften, aus denen der Bauchtanz eigentlich stammt, war dies anders. Aber sie sind in Vergessenheit geraten und werden totgeschwiegen: auch in der Bauchtanzszene.

Wird die Bauchtänzerin weiterhin einer erotisch frustrierten Gesellschaft das glitzernde Trugbild einer innig-beglückten Vollfrau vorgaukeln ... unhinterfragt, weil exotisch?[4] Oder können Frauen, die durch die Bauchtanzwelle in Bewegung geraten sind, dazu beitragen, das erotische Bewußtsein dieser Gesellschaft zu kultivieren?

Welche Formen kann dieses erotische Bewußtsein annehmen? Was können wir dabei von den alten Kulturen lernen? Wie gehen wir mit unserer individuellen erotischen Geschichte um? Welche Wünsche haben wir uns noch nicht erfüllt? Welche Wünsche haben wir anderen nicht erfüllt? Sind es Versäumnisse? Können wir sie nachholen? Wie empfinden wir Berührungen? Wie erleben wir Orgasmen? Wie vermitteln wir unseren Partnern unsere Wünsche? Wie gehen wir auf ihre Wünsche und Ängste ein? Wie wenden wir Schäden von uns ab? Wie verarbeiten wir Ängste und Schmerzen? Wie wirken Düfte, Farben, Klänge, Speisen, erotische Positionen auf uns ein? Und wie verändert eine erfüllte Erotik unseren Alltag und unsere sozialen Beziehungen?

Bauchtänzerinnen, die sich um diese Fragen drücken, verspielen das kostbare Erbe der alten femininen Gesellschaften, von dem ich im zweiten Buch mehr erzählen werde.

Gesundheit

Im Inneren einer Frau bewirkt der Bauchtanz Wunder. Das ekstatische Zittern lockert den ganzen Oberkörper, Taille, Becken, Gesäß, Oberschenkel und Kniepartie, die Schlangenbewegungen harmonisieren durch sanftes Zusammenziehen und Loslassen der Muskeln Hals, Oberkörper, Arme, Hände, Taille, Bauch, Hüften, Gesäß und Beine. Dies wirkt auf sämtliche Akupunkturmeridiane und damit auf die inneren Organe, die wiederum mit dem Gemüt innig verbunden sind.

So mobilisiert beispielsweise eine horizontale, von hinten nach vorn verlaufende Achterbewegung der Hüfte hauptsächlich die Blasenmeridiane, die auf der Höhe des Kreuzbeins im Zickzack auf und ab laufen ... dadurch werden Gefühle der (Sexual-) Angst, der Heimatlosigkeit, der Unsicherheit ausgeglichen und Nieren- oder Blasenstörungen günstig beeinflußt.

Gleichzeitig ist diese Bewegung für schwangere oder menstruierende Frauen sehr angenehm: Die Gebärmutter wird von außen wie von Flügeln beschützt und gewiegt.

Wenn der Achter umgekehrt von vorne nach hinten ausgeführt wird, so vermittelt dies eine Art Bauchladengefühl: Bauch und Hüften werden geöffnet, gewissermaßen »angeboten«. Bei dieser Bewegung werden vor allem die Dünndarmmeridiane mobilisiert, die auf der inneren Vorderseite der Beine nach oben bis ins Becken verlaufen, wo sie dann auf der Höhe der Eileiter ein Oval beschreiben. Dieser Meridian hat mit dem Gefühl der Freude zu tun, aber in Verbindung mit dem naheliegenden Kreis des Milzmeridians auch mit Fruchtbarkeit.

Freude und Lachen erzeugte bei meinen Schülerinnen oft auch das Schulterzittern. Auch hier ist der Dünndarmmeridian verantwortlich.

Schlangenarme mobilisieren vor allem die Lungen- und Dickdarm-Meridiane, und das hat mit Reinigung und Loslassen zu tun. Wenn man etwas verliert – eine Liebe, einen Trost – und dennoch nicht loslassen kann, so entstehen Gefühle der Trauer. Je mehr man losläßt, um so schöner fließt die Energie in den Schlangenarmen, und Trauer wird in Weisheit umgewandelt.

Natürlich treten diese Wirkungen nicht mechanisch oder automatisch auf: Mach das, dann passiert das ... so einfach ist es nicht. Vielmehr braucht es langfristige Erfahrungsprozesse, ein Spüren nach Innen, ein Spielen mit den eigenen Energien ... und fast unmerklich verändert sich die seelische Stabilität.

Das Rückgrat richtet sich auf, Arme und Hände werden sicherer, der Blick ruhiger. Diese Ruhe kommt auch aus dem Runden, Ruhenden, aus der Beckenzentriertheit des Bauchtanzes. Manche Konzentrationsübungen, die ich in den Kursen durchführe, sind speziell darauf ausgerichtet, diese Zentriertheit zu vermitteln. Dadurch entsteht ein weibliches Kraftfeld, das in dieser Zeit der zerhackten Rhythmen, der funktionalisierten Weiblichkeit ganz besonders heilsam ist.

Hier, in dieser praktischen, lebendigen Anwendung ist der Bauchtanz also ganz und gar nicht anachronistisch, sondern im Gegenteil über alle Maßen notwendig.

Immer wenn Frauen tanzend zusammenkommen, wird dieses weibliche Kraftfeld mobilisiert, gestärkt, ausgedehnt ... und das ist ebenso wie etwa vegetarische Ernährung durchaus eine physische Wirklichkeit in der Gesellschaft. Der Archetypus des Weiblichen, der bei uns so verkümmert ist, wird entfaltet.

Menstruationsbeschwerden, Rückenschmerzen, Orangenhaut, rheumatische Gelenkschmerzen, Migräne, Depression ... das alles sind Störungen, die durch Bauchtanzbewegungen verschwinden können. Schwangerschaften werden gewiegt, Geburten erleichtert, die Rückbildung des Beckenbodens unterstützt.

Durch die isolierten Bewegungen der verschiedenen Körperebenen wird auch die Hormonausschüttung angeregt und stabilisiert ... dadurch bleiben Frauen lange jugendlich und elastisch.

Und das alles ohne angestrengtes, zähneknirschendes Training, vielmehr lustvoll, spielerisch und unterhaltsam. Deshalb glaube ich, daß der Bauchtanz wie Yoga oder Meditation zu einer Selbstverständlichkeit werden wird, die jede kennt und viele zu schätzen wissen.

Spiritualität

Je feiner unser inneres Gespür für Energien wird, je mehr wir die Sinneserfahrungen und das Denken durch übersinnliche Wahrnehmungen ergänzen können, um so mehr nähern wir uns dem, was üblicherweise als »Spiritualität« bezeichnet wird. Bekanntlich wird Spiritualität in den patriarchalen Religionen, Philosophien und Ideologien als Gegensatz zu Erotik gesehen: Erotik reicht nicht in die hehren Höhen des Geistes empor. Die Regionen, wo Männer mit dem Weiblichen in Berührung kommen, ja, Frauen und Körper überhaupt, werden als unspirituell diskriminiert.

Es gibt nur wenige Traditionen, die ohne diese Diskriminierung auskommen: der chinesische Taoismus, der die Einheit der Pole, das ewige lustvolle Wechselspiel von Yin und Yang, von Weiblichem und Männlichem betont, der indische Tantrismus, der in der Vereinigung des Männlichen mit dem Weiblichen, von Männern und Frauen, die Kraft zur spirituellen Befreiung sieht, naturmagische Gruppen, die mit astralen Kräften arbeiten, und schließlich die Tradition des erotischen Tempeltanzes, die gewaltsam unterbrochen wurde und nur versteckt, verzerrt und verkleidet im indischen und im »orientalischen« Tanz aufscheint.

Es gibt bewährte Methoden, um den Umgang mit feineren Energien zu »erlernen«: Fasten, tagelanges Schweigen, Meditationen, Kontemplationen, Konzentration, Körperübungen (das griechische Wort *askese* heißt weiter nichts als »Übung«), und wenn man übt, so wird man bemerken, daß diese feineren Energien keine Hirngespinste oder Phantasiegebilde sind, sondern daß sie ganz real wirken.

Und nun kommt's:

Wer sich solchen Übungen mit Ausdauer unterzieht, wird feststellen, daß sie ihm sogar mehr Macht verleihen als grob körperliche Methoden: Ein Kung-Fu-Kämpfer kann ohne Waffen einen Messerangriff abwehren, ein Manager, der sich mit autogenem Training oder Meditation entspannt, kann einen Konkurrenten leichter aus dem Feld schlagen (in diesem Sinne wird das auch oft angewendet), ein Redner, der entspannt atmet, kann mehr Aufmerksamkeit auf sich ziehen als einer, der schnell und leidenschaftlich spricht (unabhängig davon, was er sagt), wer fastet, hat mehr innere Kraft, als jemand, der sich mästet.

Alle Religionen üben Macht über Menschen aus, indem sie Kenntnisse über die feineren Energien einsetzen. Sie bemächtigen sich des Jenseits, um die Menschen im Diesseits zu lenken und zu kontrollieren. Ägyptische Priester verbargen sich in Götterstatuen und bewegten deren Arme oder Augenlider, um den Willen des Gottes zu verkünden. Wunder wurden routinemäßig erzeugt.

Die biblischen Propheten drohten Israel mit Tod und Vernichtung durch Assyrer und Babylonier, falls sie vom Eingottglauben abfielen. Die Katholiken halten ihre Schäflein mit Höllenpredigten in Angst und Schrecken. Dabei stehen ihre Prediger oft auf dem geomagnetisch stärksten Ort in ihren Kirchen, wodurch sie die Wirkung ihrer Worte intensivieren. Aber auch die Karmalehre wird in dieser autoritären Weise angewandt: Du wirst ein schreckliches Schicksal im nächsten Leben haben, wenn du nicht den Lamas folgst. Und diese Lamas sind nicht immer so liebevoll, wie es uns aus der Entfernung scheint.

Brahmanen verwenden die Inkarnationslehre, um ihre Kastenherrschaft zu festigen: Wer zur untersten Kaste gehört und sich nicht widersetzt, hat die Chance, irgendwann einmal auch Brahmane zu werden. Schöne Aussichten!

Heute gibt es im Westen spirituelle Betrüger, die ganz bewußt esoterische Techniken einsetzen, um Geld zu machen: »Hier eines der unfehlbaren Rezepte: Zu ein wenig Firlefanz gebe man eine Prise Charisma, rühre einen oder zwei kleine Tricks unter, serviere es mit etwas Werbung – und schon kann man in kürzester Zeit bei einem unbedarften Geist erstaunliche Wirkungen erzielen.« (André van Lysebeth, Tantra, S. 440)

Viele Führer und Lehrer, die esoterische Techniken verbreiten, sind selbst von ihren Methoden überzeugt und wenden sie dennoch an, um schwache Individuen zu unterwerfen, an sich zu binden und ihre eigene Macht zu mehren. Und so entstehen spirituelle Gruppen, die autoritär fixiert sind, was mehr oder minder deutlich erkennbar ist: Man lauscht den Worten des Meisters oder der Meisterin. Zweifel ist Verrat. Man bekundet den eigenen Ernst, spirituelle »Ziele« zu erreichen, möglichst schnell auch noch (weil man ja so unvollkommen ist), man bemüht sich, möglichst viele andere Menschen von dieser Technik oder von diesem Führer zu überzeugen, weil er oder sie ja am schnellsten, am direktesten, am sichersten zur Erleuchtung, zur Befreiung von irdischer Unvollkommenheit, zur Einheit mit dem unbefleckt Göttlichen geleitet.

Es gibt ein Vorher, das unvollkommen, unentwickelt, mangelhaft, dunkel ist, und ein Nachher: »Seit ich bei ihm/ihr bin, mache ich Fortschritte, bin ich glücklich, frei, lichtvoll, erhaben – kurzum, auf dem richtigen Weg.«

Dann kommt es zu Urteilen über andere Personen: Er/Sie »ist eben noch nicht so weit«, »muß noch viel lernen«. Man glaubt bei anderen Personen Anzeichen für deren spirituelle Mängel zu sehen: zum Beispiel so unerfreuliche Symptome wie rationales Denken – »Aha, keine Hingabe«, Rauchen – »Samsara!«, unregelmäßige Stirnfalten – »Disziplinlosigkeit!«, schmerzende Reflexzonen – »Läßt tief blicken«, schlechte Haltung – »Probleme mit den Chakren!«, dunkle Flecken in der Aura – »Hab's ja gleich gewußt!«, Widerstand – »Unerlaubt«, eine Abwehrreaktion »Da hat sie ein Problem!«, Sex – »Wie unspirituell!«, kein Sex – »Muskelpanzerungen!«, eine Ehekrise – »Spirituelle Lieblosigkeit«, Liebeskummer – »Kann nicht loslassen«, beruflicher Mißerfolg – »Kein Wunder! Schlechtes Karma!« usw.

All diese Wertungen wenden sich »im Zweifel gegen den Angeklagten«, die »Splitter im Auge der anderen« sind willkommen. Das eigene esoterische Denksystem braucht Negativbeispiele. Selber fühlt man sich dann gerechtfertigt, weil man »brav« ist. Wie im Kindergarten! Wer sich weigert, sich so verwursten, abdiagnostizieren und beherrschen zu lassen, wer seine eigene Intuition und seinen kritischen Verstand gebraucht, wer die Alleinherrschaft des jeweiligen Systems bezweifelt, der/die gefährdet dieses System und wird als »negativ«, als »disziplinlos«, »lieblos«, manchmal gar als »Verräter« gebrandmarkt. Die ganze Negativität der Gruppenmitglieder, die Versammlung all ihrer ihnen selbst unbewußten Schatten wird auf ihn/sie projiziert.

Alles Positive wiederum wird auf den/die »FührerIn«, »LehrerIn«, »LeiterIn« projiziert. Er/Sie gewinnt übermenschliche Statur.

Man sieht zwar, daß er/sie Macht ausübt, Reichtümer anhäuft. Aber man erlaubt es ihm/ihr! Denn er/sie ist imstande, durch starke Schwingungen Menschen an sich zu ziehen, zu fesseln, und verschafft ihnen auch einige tiefe »spirituelle« Erlebnisse. Und selbst wenn sie zweifeln, denken sie an diese tiefen Erlebnisse zurück und verdrängen den Zweifel.

Die meisten, die sich als spirituelle FührerInnen ausrufen lassen, sind IrreführerInnen, also falsche Propheten. Sie hindern Menschen daran, ihrer eigenen Intuition zu folgen, selbstverantwortlich zu handeln.

Und wer folgt ihnen? Schwankende, die nach vermeintlicher Sicherheit greifen, Unerfahrene, die nach neuen Wegen suchen, Menschen ohne eigene Identität, die Leitbilder brauchen, Machtlose, die endlich auch jemand sein wollen.

Wer Führern oder FührerInnen folgt, hat meistens eine Schwäche im dritten, dem Nabelchakra. Der Sanskritname »Manipura« enthält das Wort »Diamant« *(mani).* Anstatt also in ihrer eigenen Person diamantene Selbstsicherheit zu entwickeln, geben sie sich mit glänzendem Straß zufrieden, einem Ersatzchakra, das in der Stanzmaschine des/der jeweiligen FührerIn zu Dutzenden produziert wurde.

Der/die FührerIn wird zum Ort der Verehrung. Hingabe, Liebe, Bewunderung, Scheu, Ehrfurcht werden auf ihn/sie gehäuft, er/sie nährt sich davon, berauscht sich daran, selbst wenn er/sie sonst keine Drogen anrührt.

Und das zeigt: Leute, die solche Führerpositionen anstreben, die als leuchtende Gottheit, als Diva, als Star auf dem Gipfel stehen wollen, brauchen es meistens. Sie kämpfen nämlich gegen ihre eigene Minderwertigkeit, ihren eigenen Schatten. Sie verheimlichen ihren AnhängerInnen den eigenen Schatten und hinterlassen deshalb bei ihren »Schülern« ein Gefühl nagender Unvollkommenheit, das zu noch mehr

Abhängigkeit vom Meister oder der Meisterin führt. Er/Sie scheint ja die Vollkommenheit gepachtet zu haben. Bis dann jemand auftritt und wie im Märchen von des Kaisers neuen Kleidern sagt: Aber er/sie hat ja gar nichts an ... hat ja gar nichts an ... hat ja gar nichts an ... raunt es immer weiter. Dann stürzt sich die wütende Menge auf den einstigen Führer, sofern er nicht schon das Weite gesucht hat.

Bei dieser Projektion des eigenen Guten, Lichten, Hellen auf die spirituelle Führergestalt und des eigenen Bösen, Dunklen, Unvollkommenen auf andere, scheinbar weniger Entwickelte fällt eines auf: der unvereinbare Gegensatz von Licht und Schatten, von Gut und Böse, entwickelt und unentwickelt, von erleuchtet und trübe, dunkel. In der Philosophie bezeichnet man diese Spaltung als Dualismus. Die Angst vor Schmutz, Sünde und Schatten führt zu einem unbarmherzigen Streben nach Perfektion (auch bei anderen), nach Erlösung, Erleuchtung. Viele Menschen, die in dieser Weise »spirituell« sind, sind im Grunde nur autoritär fixiert und deshalb unfrei.

Bevor man also durch esoterische Disziplinen Macht und Faszination erwirbt, sollte man beginnen, die eigenen Schattenseiten zu erkennen, zu akzeptieren, zu lieben und zu integrieren. Denn wenn man das »Schöne« *und* das »Häßliche«, das Geordnete *und* das Chaotische, das Helle *und* das Dunkle (oder was man jeweils dafür hält), akzeptiert, kommen plötzlich Farben ins Spiel, und die Welt wird interessant. Nicht das Endziel der Vollkommenheit oder der »Erleuchtung« ist wichtig (genauso wenig wie spirituelle »Macht«), sondern der Weg mit all seinen Abenteuern und Erlebnissen.

Und das ist *Tao*. Tao heißt *der Weg*. Und dieser Weg ist niemals geradlinig. Er paßt sich der Landschaft an, führt in sanften Schleifen nach links, nach rechts, ins Tal oder auf den Berg, er ist steil oder flach, schmal oder breit – aber niemals gerade. Es hat keinen Anfang und kein Ende. Die Anmut des Tales, die Erhabenheit des Gipfels ist eins. Es gibt kein Oben und kein Unten. Nichts ist eindeutig, alles fließt.

Der Taoismus hat seit Jahrtausenden die Einheit der Pole betont: Hell–Dunkel, Kalt–Warm, Heftig–Sanft, Mann–Frau. Hier wird Erotik nicht diskriminiert. Ganz im Gegenteil: Erotik ist die Einheit der Gegensätze, das innerste Geheimnis des Seins.

Auch im indischen Tantrismus liegt die Erfahrung des Göttlichen in der Begegnung des Männlichen und Weiblichen. Und diese Begegnung wird kultiviert und rituell gefeiert. Yoni und Lingam, beide werden verehrt. Eine vaginale Sprache wird eingeübt: Muskelkontraktionen, die den Phallus stimulieren oder die Ejakulation verhindern. Phallische Kunstfertigkeit wird eingeübt: Zurückhaltung des Spermas durch Atem, Fingerdruck, Konzentration und andere Techniken. Damit die Vereinigung von langer Dauer ist und alle feinstofflichen Dimensionen der Frau und des Mannes miteinander verschmelzen können. Damit sich goldene Glückseligkeit ausbreitet, damit Kundalini[5], die Schlangenkraft, aus der Tiefe der Körperhöhlen in die Höhe, gleißend und blitzend bis in die Stratosphäre aufsteigt.

Und hier kommen wir wieder zur Schlange zurück. Wir haben sie als Bewegungsprinzip des Tanzes kennengelernt, aber auch als Sinnbild für die Vereinigung. Durch die Achterschleife werden zwei Pole miteinander verbunden, und dadurch entsteht die Erfahrung von Ewigkeit.

Dieses Schlangenprinzip wird im »Bauchtanz« oder »orientalischen Tanz« gefeiert: Wellenförmig, in Schlangenachtern bewegen sich Hände, Arme, Oberkörper, Bauch und Hüften. Ja, es gibt sogar einen Schritt, bei dem ein Bein »schlängelnd« vor das andere gesetzt wird.

Auch der balinesische Tanz verkörpert das Schlangenprinzip – durch subtile Körperwindungen und Drehungen, durch Achterschleifen, die mit den Armen gezogen werden, und durch zeitlich versetzte Achterbewegungen der Hände, wo abwechselnd die rechte und die linke Handfläche nach unten bzw. oben zeigen – ganz ähnlich wie in den Rekonstruktionen der sogenannten pharaonischen Haltung. Hier werden also Himmel und Erde durch die Schlangenbewegung vereint.

Von allen indischen Tanzstilen ist der Odissi-Tanz am weichsten und geschmeidigsten. Auch hier gibt es eine Körperhaltung, die der gewundenen Linie entspricht, die sogenannte Tribhanga-Haltung. Es ist die dreifache Beugung von Hüfte, Taille und Hals (ganz im Gegensatz zu der geraden Körperhaltung des Bharatanatyam). In Orissa, wo der Odissi-Tanz beheimatet ist, haben sich die arischen Eroberer am schnellsten auf die Traditionen der drawidischen matriarchalen Vorbevölkerung eingelassen.

Wir können also annehmen, daß Tänze, die das Schlangenprinzip verkörpern und verehren, mit einer tantrischen Tradition in Verbindung stehen; d. h. sie drücken erotische Spiritualität oder spirituelle Erotik aus. Deshalb habe ich den »Bauchtanz« in diesem Buch als Heiligen Tanz bezeichnet und beschrieben.

Und die Schlange der Schlangen ist die Kundalini, jener mächtige Energiestrom, der im tiefsten Bereich des Körpers »aufgerollt« liegt, und, wenn er ungehindert durch die Chakren aufsteigen kann, zur Erleuchtung führt.

Ein indischer Mystiker berichtet:

> »Ich fühlte deutlich eine unvergleichlich glückselige Empfindung in allen meinen Nerven, die sich von den Spitzen der Finger und Zehen und von anderen Teilen des Rumpfes und der Gliedmaßen zur Wirbelsäule hinbewegte, wo sie konzentriert und intensiviert aufstieg, verbunden mit einem immer angenehmeren Gefühl. Schließlich ergoß sich ein stürmischer, leidenschaftlicher und höchst anregender Strom einer köstlichen, strahlenden Sekretion der Nerven in den oberen Teil des Gehirns. Da mir kein passenderer Ausdruck bekannt ist, nenne ich diese Flüssigkeit Nektar« (Lee Sanella, Kundalinierfahrung, S. 48).

»Jedesmal, wenn ich mein geistiges Auge auf mich selbst richtete, nahm ich innerhalb und außerhalb meines Kopfes ein strahlendes Glühen in einem Zustand ständiger Vibration wahr, als ob ein Strahl einer äußerst feinen und leuchtenden Substanz durch die Wirbelsäule aufsteige, sich im Schädel ausbreite, ihn ausfülle und ihn mit einem unbeschreiblichen Strahlen umgebe (ebd., S. 41).

»Dieser Mechanismus, der als Kundalini bezeichnet wird, ist die wahre Ursache aller sogenannten spirituellen und übersinnlichen Phänomene, die biologische Basis der Evolution und der Persönlichkeitsentwicklung, der geheime Ursprung aller esoterischen und okkulten Lehren, der Hauptschlüssel zum ungelösten Geheimnis der Schöpfung, die unerschöpfliche Quelle der Philosophie, der Kunst und der Wissenschaft und die Quelle aller Religionen der Vergangenheit, Gegenwart und Zukunft« (ebd., S. 19).

»Ein mächtiger Strom feinstofflicher Energie muß vom unteren Ende der Wirbelsäule zum Kopf aufsteigen, um das menschliche Bewußtsein dazu zu bringen, seine gewöhnlichen Begrenzungen zu transzendieren. Dies ist die Endphase der gegenwärtigen evolutionären Impulse im Menschen« (ebd. S. 14).

Über die Chakren wurde mittlerweile schon viel geschrieben: Es sind Knotenpunkte, an denen sich körperliche Vorgänge mit psychischen Komplexen und feinstofflichen Strukturen treffen. Auf der körperlichen Seite ist es das endokrine System mit sieben verschiedenen Drüsen, den Gonaden, den Leydigschen Zellen, den Adrenalindrüsen, der Thymusdrüse, der Schilddrüse, der Zirbeldrüse und der Hirnanhangdrüse.

Im feinstofflichen Bereich sind es sieben Energiewirbel, die Chakren (sanskrit: Räder):

1. Muladhara, das Wurzelchakra, das zwischen Anus und Genitalorganen liegt.
2. Svadishthana, das Unterleibschakra, das etwas unterhalb des Nabels liegt.
3. Manipura, das Nabelchakra, das über dem Nabel in der Höhe des Sonnengeflechts liegt.
4. Anahata, das Herzchakra, das in der Mitte über der Herzebene liegt.
5. Visuddha, das Halschakra, das in der Kehle liegt.
6. Ajna, das Stirnchakra, auch das Dritte Auge genannt, das über den Augenbrauen in der Mitte der Stirn liegt.
7. Sahasrara, das Scheitelchakra, das in der Mitte des Kopfes unter der Schädeldecke liegt.

Die damit verbundenen psychischen Komplexe sind:

1. Materielle Absicherung, Nahrung, Territorium (Muladhara oder Wurzelchakra).
2. Sinnlichkeit, Erotik, Genuß, künstlerische Kreativität (Svadishthana).
3. Macht, Organisation, Zugehörigkeit (Manipura).
4. Emotionale Balance, Liebe, Mitgefühl (Anahata).
5. Erfahrung, Kommunikation, menschliche Individualität (Visuddha).
6. Vision, Religion, Prophetie (Ajna).
7. Kosmische Verschmelzung, Einheit mit dem Göttlichen, Erleuchtung (Sahasrara)

Je nach dem körperlichen und seelischen Zustand einer Person sind bestimmte Chakren aktiver oder passiver, sie können zu weit geöffnet oder auch verschlossen sein, sie können strahlen oder verschmutzt sein. Den Zustand der Chakren bei einer Person kann man an ihrer Körperhaltung erkennen, und durch Körperübungen kann man den Hormonfluß anregen und balancieren. Bauchtanz ist natürlich mit seinen sanften Bewegungen auf den verschiedenen Körperzentren sehr hilfreich.

Hellsichtige haben im Laufe der Jahrtausende die Chakren in verschiedenen Farben gesehen, und zwar gelb, hellblau, rot, rauchgrau, blaßlila, indigoblau, golden (das klassische indische System); oder rot, orange, gelb, grün, blau, indigo, violett (das moderne Regenbogenspektrum).

Es gibt noch weitere Variationen. Aber Farbbezeichnungen sind mitunter linguistisch sehr verschwommen: Zum Beispiel ist das russische Wort »*belyj*« (weiß) mit dem deutschen Wort »blau« sprachverwandt. Die Wortwurzel bedeutet »glänzen«. Bei Homer hat das Meer die Farbe »des Weines«, er unterscheidet also nicht zwischen Rotviolett und Blauviolett. Das Schillern der (Kundalini-)Schlange ist also nicht vollkommen eindeutig.

Man weiß aber von der Heilwirkung von Farben:

> »Bereits die alten Ägypter wie auch die Griechen setzten Farbschwingungen gezielt und sinnvoll zur Heilung von Kranken ein. Je nach Beschwerden wurden die Patienten in Räume gelegt, deren große Fensteröffnungen mit farbigen Tüchern z. B. in Blau, Rot oder Violett bespannt waren.
> ... Wir sollten daran denken, daß die gesamte Schöpfung nach bestimmten, sinnvollen Farbprinzipien aufgebaut ist.[6] Es ist kein Zufall, daß unser Blut rot ist, also die gleiche Farbe aufweist wie die Glut des Feuers oder ein Vulkan. Immer geht es bei der Farbe Rot um Energie und Aktivität, ob nun eine rote Rose ein Insekt zur Bestäubung anlockt oder eine rot beleuchtete Bar ihre Besucher zu sexuellen Aktivitäten animiert, es ist ein und dasselbe Prinzip, das sich dahinter verbirgt ...
> Zu Bodo kam eines Tages eine Nonne in die Praxis und klagte über Probleme im unteren Rückenbereich. Als sie auf dem Behandlungstisch lag, wunderte sich Bodo über ihre auffallende knallrote Unterwäsche, denn ihre

Sexualität frei auszuleben war ja für diese Ordensfrau kaum möglich. So war es dann zu einer massiven Energieüberladung im Endbereich der Wirbelsäule (l. Chakra) gekommen«. (Shalila Sharamon und Bodo J. Baginski, Das Chakra-Handbuch, S. 180/181).

Was ist, wenn Chakren blockiert sind, wenn sexuelle Spannungen nicht gelöst werden können? Ich erinnere mich an eine Novembernacht in Amsterdam, in der sich durchdringend feuchte Kälte wie ein schweres Tuch über die Seele legte, die Ratten an den Grachten huschten. Besetzte Häuser boten zwar Raum zum Wohnen, aber keine Heizung. Ich war auf der Suche nach einem Schlafplatz, vielleicht sogar einem Zimmer, das ich mieten konnte. Ich stand auf der Straße mit den Zeitungsannoncen in der Hand und sah auf einer Hauswand den aufgesprayten Satz: »Ik wil niet sterven!«

Vielleicht hatte ein drogenabhängiges Mädchen ihren letzten Lebensmut zusammengerafft und hier aller Welt ihren Lebenswillen verkündigt.

Ich wußte nicht, wohin. Ein junger Afrikaner sprach mich an, und als ich ihm von meiner beschissenen Situation erzählte, sagte er, er wüßte ein Zimmer für mich, ich müßte nur mitkommen. Ich ging mit ihm durch dunkle, unbekannte Straßen. Als wir ankamen, war es *sein* Zimmer. Ich sollte in seinem Bett übernachten. Er redete auf mich ein, ich blieb blaß und abwehrend, wollte aber nicht noch mal in die Nacht hinaus und übernachtete auf der Couch.

Er war mir nicht unsympathisch, aber mein Stolz, mein Gerechtigkeitsgefühl wehrten sich dagegen, daß er meine Hoffnung auf eine Wohnung so mißbraucht hatte. Ich fühlte mich ausgeliefert und blieb in mich verkapselt. Er gab es schließlich auf und sagte: »Man kann ein Pferd zwar zum Wasser führen, aber zum Trinken kann man es nicht zwingen!« Danke! Sehr richtig! Aber es blieb eine enorme Spannung in der Luft, um so mehr, als nun sein Bruder von der Nachtschicht kam, mich mit einem kurzen Blick musterte und ebenfalls zu Bett ging. Nun lag ich mit zwei höchst virilen Männern fast Seite an Seite im selben Raum. Die erotische Spannung, die ich empfand, wuchs immer mehr. Ich konnte nicht einschlafen. Der Raum vibrierte. Aber ich blieb hart. Aus Prinzip. Er hatte mich reingelegt: das war unfair.

So vergingen die Stunden. Der Bruder schnarchte schon längst, ich blickte an die Decke, rollte mich zusammen, versuchte, ein Auge zuzutun, überlegte, was wäre, wenn ich vielleicht doch ... und verbannte den Gedanken schnellstens wieder. Als ich allmählich in einen flachen Halbschlaf glitt, stand der Bruder schon wieder auf, machte einige martialische Morgenübungen, zog sich an und verließ den Raum. Auch mein »Gastgeber« erwachte, blickte kurz auf mein bleiches Nachtgesicht und ging zur Küche hinunter.

Und da geschah es dann: Aus einer Leitung in der Decke des Raumes blitzten plötzlich Funken hervor, und in wenigen Sekunden leckten Feuerzungen am Holzgebälk. Ich sprang sofort auf, wollte nach unten rufen, aber dazu war keine Zeit, es gelang mir, in aller Eile das Feuer mit Kleidungsstücken auszuschlagen.

Ist es überinterpretiert, wenn ich diesen Feuerausbruch als Erscheinungsform der unterdrückten Sexualität deute? Der Arzt und Psychiater Lee Sanella, der sich mit Kundaliniforschung befaßt, schreibt über solche »spontanen Feuer«:

> »Die Berichte über objektive Hitzemanifestationen aus den verschiedensten Kulturen lassen meiner Meinung nach ähnliche Manifestationen bei klinischen Fällen der Kundalinierweckung glaubwürdiger erscheinen.
> In neuerer Zeit ist über viele Fälle von »spontanem Feuer« berichtet worden. Ich selbst habe ebenfalls einen solchen Fall erlebt, als einem jungen jüdischen Mann und seiner katholischen Frau ein Junge geboren wurde. Wegen der »Mischehe« war es zu starken familiären Konflikten gekommen, und die Situation war sehr stark emotional aufgeladen ... Alle Familienmitglieder und

einige Außenstehende wurden Zeugen mehrerer spontaner Feuerausbrüche ... Solche Fälle sind Beispiele dafür, wie aufgestaute psychische Energie sich in der Außenwelt manifestieren kann; dabei ist Hitze eine der üblichen Manifestationsarten der aktiv werdenden Kundalini ...« (Lee Sanella, Kundalinierfahrungen und die neuen Wissenschaften, S. 41).

Wenn ich mein oben geschildertes Erlebnis in der Chakrensymbolik interpretiere: Muladhara war durcheinander: Ich hatte keine sichere Höhle zum Wohnen und Schlafen. Und weil mir das Angst und Sorge machte, war meine Vision – Ajna, das Dritte Auge – getrübt. Ich bemerkte nicht, daß der Mann auf der Straße etwas anderes vorhatte, als mir eine Wohnung zu besorgen. Als ich es dann an Ort und Stelle bemerken *mußte,* geriet Visuddha, das Halschakra, wo Selbstbestimmung und Freiheit wohnen, in heftigsten Aufruhr. Aber inzwischen waren ohne Rücksicht auf Anstand und Moral Svadishthana und Muladhara, die instinktive Unterwelt, entflammt: Da lag ich nun und empfand erotische Höchstspannung, aber Visuddha legte sich quer, unnachgiebig verhinderte es, daß das Feuer gelöscht wurde. Ja, und da passierte es eben. Das Feuer brach woanders aus.

Im übrigen bin ich mir nicht sicher, ob nicht Ajna, das Dritte Auge, listigerweise mal das Lid gesenkt hatte, damit ich in dieses Lehrstück hineintappen mußte. Jedenfalls bedaure ich das Erlebnis ganz und gar nicht, im Gegenteil, es hat mir die Kraft der erotischen Energie zwischen Mann und Frau gezeigt. Also gerade aus der Instabilität, der Störung, erwächst Erkenntnis. Und daraus entsteht dann wiederum gesteigerte Sensibilität und Dankbarkeit für harmonische Prozesse. Ich erinnere mich an ein anderes Erlebnis:

Kaum berührend und doch berührend, sacht, wandern Fingerspitzen über meine Haut, wie innen, so außen. Sanfte Schauer, wie in Daunenflaum gewiegt. Es hört nicht auf, er hört nicht auf. Ich fühle mich, fühle mich gerührt, berührt von Zärtlichkeit. Ist es wahr? Ist es wirklich wahr? Diese Intensität der Wonne. Wohlgefühl hebt mich, ich werde Wolke, Feder, schwerelos. Herzkelch glaubt es nicht ... diese Intensität der Wonne. Glaubt es nicht, noch nicht, und langsam doch. Alle Poren des Bewußtseins öffnen sich. Zeit steht still. Flaumig weiche Zeit. Ich öffne mich, und von unten her dringt Kraft in mich ein, sanfte, schnellere, heftigere Impulse, Magma, ich winde mich, will mich aufbäumen, aber keine Bewegung reicht, um in der reglosen, aufmerksamen Stille meines Körpers diese männliche Kraft auszugleichen. Keine Bewegung mehr, nur ein Fluten von Gold. Wie leblos liege ich auf den Kissen, Gold, Gold, ein See aus Gold flutet durch meine Stirn. Nichts mehr wollen, nichts mehr nicht wollen, tiefe, tiefe Ruhe.

Dieses erotische Erlebnis vermittelte mir Erfahrungen, die den Kundalinierlebnissen ähnelten, die *Lee Sanella* bei seinen »Versuchspersonen« registrierte. Hier wurden Blockaden außer Kraft gesetzt. Vor allem in Anahata (»Kein Widerstand«), dem Herzchakra. In der tantrischen Tradition gehört Berührung zum Luftelement, das dem Herzchakra zugeordnet ist. Und so erlebte ich sie auch.

Nicht immer verläuft die Entfesselung der Kundalinienergie harmonisch. Lee Sanella schreibt dazu:

»Die Erweckung der Kundalinikraft ist ein dramatischer Vorgang. Traditionell wird er als ein machtvoller Reinigungsprozeß bezeichnet, der zur Transzendenz von Körper und Geist in der höchsten ekstatischen Vereinigung von Subjekt und Objekt führt.
Auf ihrem Weg nach oben soll die Kundalini auf die verschiedensten Arten von Verunreinigungen treffen, die sie mittels ihrer dynamischen Aktivität verbrennt ...

... Der Fluß der Kundalini kann an jedem Punkt des Weges nach oben blockiert werden. Solche Blockaden können wir als Streßpunkte ansehen; beim Aufstieg der Kundalini befreit sich das Zentralnervensystem also von Streß. Das ist gewöhnlich mit Schmerz verbunden. Wenn die Kundalini auf solche Blockaden trifft, wirkt sie so lange auf diese ein, bis sie sich auflösen«.

In Lee Sanellas Fallstudien werden von verschiedenen Personen auch folgende »unangenehme Nebenwirkungen« benannt: »Mein Körper wurde heiß, und mein Kopf wurde schwer. Jede Zelle meines Körpers stöhnte.« Außerdem schreibt er, gelegentlich seien die Personen von sexuellem Verlangen überwältigt worden – was übrigens auch die Sufi-Adeptin Irina Tweedie in ihrem Buch bekennt. – Oder:

»Während einer Meditationssitzung wurde sie von einem starken Gefühl der Desorientiertheit heimgesucht; sie hatte das Gefühl, keinen bestimmten Ort im Raum einzunehmen, was sie sehr ängstigte. Dann trat plötzlich und ohne jede Vorwarnung ein scharfer Schmerz in der großen Zehe ihres linken Fußes auf, worauf ein schmerzhaftes, schneidendes Gefühl folgte, das sich am Bein entlang aufwärtsbewegte.
Später fühlte sich ihr Becken- und Dammbereich geschwollen an. Diese Empfindung breitete sich bis zur Taille aus, dann plötzlich drehte sich ihr Rumpf heftig nach rechts ... Einige Monate später hatte sie während einer intensiven Meditationseinkehr erneut das Gefühl, ihr gesamter Körper werde von einer ungeheuer starken Energie hin und her gezerrt. Sie sah bzw. fühlte, wie eine Lichtfontäne aus dem Beckenbereich in ihren Kopf hochschoß ...«

»... Im Gewebe der Beine traten starke Vibrationsempfindungen auf, die sich über den Unterrücken und von dort über den ganzen Körper bis zum Kopf ausbreiteten ... Später vollführte der Körper Wellenbewegungen.« (S. 61)

Ein weiteres Beispiel, diesmal von einem jungen Mann, einem Computerspezialisten:

> »Ich war verblüfft über die starken Stöße und Schläge im unteren Teil meines Rückens, der *Kanda*-Region der klassischen Kundalinilehre ... Bald wurde mein Bauch sehr heiß, und ich fing an zu schwitzen.«

In diesem Fall kamen dann Druckgefühle im Kopf, Visionen, spontane Körperbewegungen, schließlich sogar eine Herzstörung und Verdauungsstörungen hinzu. »Anfang 1977 setzte W. mit der Meditationspraxis und dem Biofeedbacktraining aus, und wenige Monate später verschwanden die unangenehmen Nebenwirkungen der Kundaliniaktivität.« (Sanella, S. 51)

Ist dies der normale Weg, auf dem man zur Kundalinierfahrung kommt? Muß man gewissermaßen durch das Tal der Tränen hindurch, oder gibt es dafür bestimmte Gründe: Fehler, Irrtümer, Ungleichgewichte? Waren die Meditierenden vielleicht ungeduldig auf Erleuchtung aus, so daß die Meditation sie zu schnell in einen feinstofflichen Erregungszustand versetzte, mit dem weder die körperliche noch die psychologische Entwicklung Schritt hielt? Hätten sie ihre Meditation durch Körperübungen und psychische Chakrenarbeit begleiten sollen? Oder lag es daran, daß sie das Aufsteigen der Kundalinikraft ohne sexuellen Ausgleich als Einzelkämpfer zu erreichen suchten?

Es wird heute viel über Kundalini gesprochen, aber die alten Traditionen sind zum großen Teil verschüttet. Wir tappen deshalb ziemlich im dunkeln. Kundalini ist nicht mehr Teil unserer Kultur. Die mythischen Schlangen sind getötet worden, Erotik verteufelt, Ekstase verboten. Kundalini ist eine Seltenheit, ein unbekanntes Reich.

Der Yoga- und Tantralehrer *André van Lysebeth* warnt:

»Wer auf einfache Weise Kundalinierfahrungen verspricht, ist ein Betrüger. Gewarnt sei vor Gurus, die nach Dummköpfen Ausschau halten: Unsere Einfältigkeit ist ihr Vorteil. Sie haben im Westen bereits um sich gegriffen und das Blaue vom Himmel herunter versprochen. Man glaubt ihnen, weil sie Inder sind und sich mit hochtrabenden Namen schmücken. Sie haben die Stirn, binnen weniger Stunden dem einen die Erwekkung der *kundalini*, dem anderen die Öffnung der *chakras* und dem dritten das *samadhi* zu garantieren, alles eigentlich Dinge, die weitaus schwerer zu erlangen sind, als man akrobatische Kunststücke erlernt: Die indischen Adepten unterziehen sich dafür einer langen Übung und werden von einem wahren Guru geleitet.« (André van Lysebeth, Tantra, S. 440)

Echte tantrische MeisterInnen zu finden, ist allerdings auch in Indien nicht leicht. Und *Shalila Sharamon* und *Bodo Baginski* schreiben:

»Manchmal haben wir auch Menschen getroffen, die eine Öffnung der Chakren zu erzwingen versuchten, indem sie beispielsweise bestimmte Übungen des Kundalini-Yoga übermäßig und ohne Anleitung praktizierten und sodann von den unbewußten Inhalten des jeweiligen Chakras überschwemmt wurden. Durch den Versuch, diese Inhalte zurückzudrängen, können neue, manchmal tiefere Blockaden entstehen. Auch kommt es nicht selten vor, daß jemand, der sich auf einen spirituellen Weg begeben hat, nur seine höheren Chakren aktiviert und die Blockaden in den unteren Chakren unbewußt aufrechterhält, da er sich mit den freiwerdenden Inhalten nicht identifizieren will ... Tatsächlich werden die Blockaden in unserem Energiesystem nur in dem Maße bereinigt, wie wir von unserer Gesamtentwicklung her bereit sind, den ungeliebten und verdrängten Anteilen unseres Selbst ins Antlitz zu schauen und sie durch unsere Liebe zu erlösen. Solange wir irgendeinen Bereich in uns bewußt oder unbewußt abwehren, solange wir uns selbst beurteilen und damit Teile unseres Selbst verurteilen und zurückweisen, wird eine Spannung aufrechterhalten, die eine vollständige Entspannung und damit die Lösung der Blockaden verhindert.« (S. 54/55)

Wie können wir uns also unsere Chakraebenen erkunden und uns »mit dieser leuchtenden Schlange anfreunden«? Es muß auf jeden Fall ohne den Anspruch auf Vollendung, Erlösung oder Erleuchtung, ohne Zeitdruck und spirituellen Ehrgeiz geschehen, dafür mit innerer Aufmerksamkeit, Vorsicht und Selbstachtung.

Dann gibt es viele verschiedene Wege: Düfte, Klänge, Farben, Edelsteine können eingesetzt werden, Meditationen mit Farben, Klängen, Formen, Atemübungen, Chakrareflexzonenmassage und Körperübungen aus dem HathaYoga sind möglich.[7]

Und natürlich der Bauchtanz! Weshalb?

Weil er bewußt, wohldosiert und freiwillig Körperbewegungen erzeugt, die bei spontanen Kundalinierfahrungen unwillkürlich, manchmal bedrohlich und chaotisch hereinbrechen.

Zum Beispiel: Das Kribbeln im ganzen Körper entspricht dem Shimmy im Bauchtanz, den ekstatischen multiplen Vibrationen, die halbwillentlich hervorgerufen werden, wenn die Trommel es suggeriert.

Oder: Heftige Schläge und Drehungen im Beckenraum: Gerade die Beckenbewegungen können im Bauchtanz (wie auch im polynesischen und afrikanischen Tanz) kraftvoll sein. Sie werden aber trotz ihres Schwunges harmonisch integriert.

Aufbäumen, Wellenbewegungen entsprechen den Schlangenbewegungen. Durch sie wird Energie kanalisiert: Die Serpentinen verlängern den Weg für die anströmende Energie, und dadurch wird sie aufgefangen und integriert.

Auch symbolisch erinnert der Bauchtanz an die Chakren: Wie die Chakren, so schimmern die Schleier in verschiedenen Farben (denken wir an die sieben Schleier, die Ischtar ablegen mußte, um in die Unterwelt zu gelangen).

Genauso betonen auch die Schmuckstücke des klassischen Bauchtanzkostüms die sieben Chakren. Es gipfelt in der Kerze, die als Sinnbild der Erleuchtung auf dem Kopf balanciert wird (balanciert!), während sich unser Körper auf verschiedenen Ebenen entlang der Wirbelsäule weich oder heftig, subtil oder ausladend bewegt.

Sakralchakra *(Svadishthana)*, Herzchakra *(Anahata)* und Drittes Auge *(Ajna)* sind die Zentren der Bewegung.

Gleichzeitig werden auch die dazwischen, darunter und darüber liegenden vier Chakren aktiviert:

Wenn wir tanzen, so flüstern und singen unsere Bewegungen von Gefahren und Hoffnungen, Wissen und Wünschen, Schönheit und Glück.

Wir vertrauen dem Reichtum der Erde und ruhen in der instinktiven Kraft des Körpers. Muladhara.

Wir gestalten unsere schöpferischen Lebensäußerungen nach unserem echten Empfinden. Svadishthana.

Wir ordnen unsere sozialen Beziehungen und balancieren Anpassung und Durchsetzung. Manipura.

Wir durchwandern die Höhen und Tiefen der Gefühle und finden uns in anderen Menschen wieder. Anahata.

Wir werden uns unserer Lebenserfahrungen bewußt und bestimmen unser Leben selbst. Visuddha.

Wir entwickeln Visionen für die Zukunft und schärfen den Blick für das Unsichtbare. Ajna.

Wir sind zwischen Himmel und Erde, eins mit allem. Sahasrara.

Das ist die Symbolik dieses Tanzes. Und wenn in kurzen

Augenblicken, in der Trance unserer Wellen-, Kreis- und Zitterbewegungen die sieben Ebenen zu *einem* Strom werden, wenn die Schlange in den Farben des Regenbogens fluoresziert und leuchtet, dann können wir uns vorstellen, warum Ischtar im babylonischen Hymnos als Herrin der Farben angerufen wurde:

Bunt schillern deine Augen, Herrin der Farben
Leben ist dein Mund.

Und Ischtar antwortet:

Ich führe die Frau zum Mann, den Mann zur Frau
Ich schmücke den Mann für die Frau, die Frau für den Mann.

Wenn wir in diesem Sinne tanzen, so evozieren wir das Ritual der Vereinigung, wir werden zu Medien der Vereinigung von Mann und Frau, von Shiva und Shakti. Wir erzeugen ein Feld, in dem Verschmelzung auf allen Ebenen stattfinden kann. Das ist Erotik und Spiritualität in Bewegung, es ist der Tanz der Inneren Welle oder der Tanz der Chakren, und das ist der Sinn.

Anmerkungen

1 Sämtliche Eigennamen sind verändert.
2 Das ist natürlich keine exakte Wissenschaft, diese Geschichten haben vielmehr die Funktion, Sehgewohnheiten zu lockern und Raum für neue Orientierungen zu schaffen. Wer sich damit befaßt, hat die Chance, den eigenen Standort neu zu bestimmen, ... und manchmal fällt es einem auch wie Schuppen von den Augen!
3 In Ägypten sind Tänzerinnen oft auch Conférencières. Sie unterhalten das Publikum mit lustigen Reden, singen Lieder und tanzen. Das erfordert natürlich Improvisationsgabe, Witz und Einfühlung in die Stimmung der Feiernden.
4 Ich kenne Showbusiness-Bauchtänzerinnen, die eine gynäkologische Krankheit nach der anderen haben, bis hin zu Operationen, und denen es trotzdem nicht einfällt, sich konkret mit ihrer Weiblichkeit zu befassen. Da werden der Tanz, das Schönseinwollen, das Bewundertwerdenwollen offensichtlich zum Ersatz für innere Befriedigung, also zur Sucht!
5 »Kunda« bezeichnet den geschmolzenen metallischen Erdkern.
6 Eine Anekdote am Rande: Nachdem eine Grundschullehrerin mit ihren Schülerinnen im Handarbeitsunterricht über Farbtheorie gesprochen hatte, beschwerte sich eine türkische Mutter bei ihr. Warum? Ihre Tochter solle strikken und nähen lernen. Jegliche Theorie sei für Mädchen ungeeignet und unislamisch!
7 Dazu gibt es Bücher, Seminare und Einzelsitzungen.

Die Autorin

Eluan Ghazal, Dr. phil., Autorin und Übersetzerin zahlreicher Bücher. Sie unterrichtet seit vielen Jahren im Bereich Körper- und Energiearbeit und tritt mit Tanz und Performances auf. Sie versteht sich als Medium und Katalysator persönlicher Entwicklungsprozesse und setzt Sensibilität und Intuition ein, um sie zu fördern und zu begleiten.

»Wenn wir uns voll und ganz akzeptieren – mit all unseren Schatten und Verwerfungen – dann kann unsere persönliche Evolution frei, lustvoll und lebendig werden.«